JN430885

천하대혼돈

Disorder

Copyright ©2020 by Slavoj Žižek
First published by Kyung Hee University Press 2020.
Korean translation copyright ©2020 by Kyung Hee University Press
Korean edition is published by arrangement with Slavoj Žižek.

이 책의 한국어판 저작권은 '경희대학교 출판문화원'이 소유합니다.
저작권법에 의하여 한국 내에서 보호를 받는 저작물이므로 무단전재 및 복제를 금합니다.

SLAVOJ ŽIŽEK

천하 대혼란

天下大混沌

슬라보예 지젝 지음

강우성 옮김

경희대학교 출판문화원

일러두기

- 이 책의 원고는 대부분 2018년도 하반기에 작성되었다.
- 본문의 모든 각주는 옮긴이 주이며, 원문의 주석은 각 글의 마지막에 수록했다.

천하대혼돈을 뚫고 가는 정치

이택광*

슬라보예 지젝과 알고 지낸 지도 20년이 다 되어간다. 유학생 신분으로 처음 만난 그는 말 그대로 에너지 넘치는 이론가였다. 대꾸할 틈도 없이 폭포수처럼 그가 쏟아내던 언어들에 질겁하기도 했다. 시간이 지나면서 지젝은 훨씬 차분해졌지만, 그때 느꼈던 천진난만함은 아직 그대로인 듯하다. 내가 유학한 90년대 말부터 이천 년대 초반 무렵 영국에서는 강단 철학에 대한 다양한 도전이 있었다. 지젝은 당시 제도권 철학을 해체하고 새로운 대

* 경희대학교 글로벌커뮤니케이션학부 영미문화전공 교수. 문화비평가. 저서로《이것이 문화비평이다》,《한국 문화의 음란한 판타지》,《인문좌파를 위한 이론 가이드》,《마녀 프레임》,《인상파, 파리를 그리다》 등이 있고, 지젝과 함께 〈The Idea of Communism〉 시리즈 제3권을 편집 출간했다.

중 철학을 구축하는 지적 운동에서 엄청난 영향력을 지니고 있었다.

특히 이천 년대로 접어들면서 지젝이 주도해서 조직한 공산주의 이념 학술대회는 천 명이 넘는 관중이 운집하는 경이로운 결과를 냈다. 이에 자극을 받은 지젝과 바디우는 공산주의 이념 학술대회를 전 세계를 순회하면서 개최하고자 했다. 자본주의의 글로벌화에 대응하는 글로벌 공산주의 기획이었다. 그때부터 2020년이 된 지금까지 지젝은 정치, 인문학, 사회과학, 예술, 대중문화를 가로지르며 발언하는 행동하는 철학자로, 이슈메이커로 강렬한 존재감을 발휘하고 있다.

《천하대혼돈》은 지젝이 여러 언론 매체에 기고한 짧은 글들을 묶은 책이다. 그 가운데는 트럼프의 정치 행보에 관련된 내용도 다수 섞여 있다. 과거 지젝은 트럼프의 집권과 관련해서 많은 발언을 했는데, "힐러리와 트럼프 가운데 한 명을 선택하라면 누굴 선택할 것인가?"라는 인터뷰 질문에 '트럼프'라고 해서 한동안 소셜미디어가 소란스러웠다. 트럼프 지지 선언으로 오해받기도 했지만, 이 발언은 반드시 힐러리와 트럼프 둘 중에서 선택한다는 전제에서 나온 것이다. 말 그대로 가상이었고, 현 상태를 유지하는 것보다 혼란이 있더라도 변화를 지지하는 쪽이 더 나은 세상을 향한 길이라고 생각한다는 뜻이었다. 사실 지젝은 시종일관 버니 샌더스를 지지해왔다. 이 문제의 인터뷰에서도 샌더스를 선택하지 않은 민주당에 대해 비판하고 있다.

사실 책의 제목이 된 '천하대혼돈'도 이런 바탕에서 나왔다. 이 표현은 세계를 끊임없는 모순의 충돌로 이해한 마오쩌둥의 사상을 응집한 것이기도 하다. 질서와 안정은 정치의 소멸을, 대혼돈은 정치의 출현을 의미한다. 지젝은 트럼프의 출현이 미국의 위기에서 기인한 것이고, 이 위기는 정치의 귀환을 불러올 것이라고 예견했던 것이다. 2020년 미국의 대선은 이런 예견에서 크게 벗어나 보이지 않는다. 다만 민주당은 2020년에도 역시 샌더스를 선택하지 않음으로써 근본적인 변화의 가능성을 사전에 차단하는 데 성공하고 말았다.

이 책에서 지젝이 주장하고자 하는 것은 정치의 귀환이자 또한 정치적 주체의 호명이다. 이 책의 마지막을 장식하는 5부 '대혼돈을 넘어'에서 지젝은 정치의 대혼돈이 어떤 방식으로 기존 질서를 파괴하고, 새로운 정치적 주체를 불러올 수 있는지 탐색한다. 그 정치의 도래에서 필요한 것은 다름 아닌 우리의 용기이다. 지젝의 말을 받아서 우리가 행동을 결정할 차례이다.

| 목차 |

3 디지털 정치학

4 문화와 권력

5 대혼돈을 넘어

1부

새로운 세계 질서

진짜 신세계에 잘 오셨습니다

"다른 경우라면 인권의 강력한 수호자였을 미국과 영국조차 이 난장판에서 발을 뺐다는 사실은 '문명충돌'을 막을 유일한 대안이 각 문명—혹은 요즘 유행하는 말로 하면, '생활방식들'—의 평화적 공존 말고는 없는 새로운 세계 질서가 출현하고 있음을 선명하게 드러낸다."

⋮

사우디아라비아에서는 마침내 여성 운전을 허용했다. 하지만 동시에 운전 권리를 요구하는 시위를 벌인 여성은 체포했다. 체포된 인권운동가 사마르 바다위(Samar Badawi)의 가족 일부는 캐나다 시민권자이기 때문에, 캐나다에서는 그녀를 풀어달라고

미셸 오바마(좌), 사마르 바다위(중앙), 힐러리 클린턴(우)
2018년 중순 사우디아라비아에서는 사마르 바다위를 포함한 여성 인권운동가 15명 이상을 체포 구금했다. 같은 해 8월 캐나다 정부에서는 사우디아라비아에 체포된 인권운동가 석방을 공개적으로 요구했다. 사우디아라비아에서는 내정간섭을 이유로 크게 반발했다.

요구했다. 사우디 정부는 이것이 묵과할 수 없는 내정간섭이라고 선언했다. 사우디에서는 즉각 캐나다 대사를 추방했으며 캐나다로 가는 항공편을 취소했다. 신규 무역과 투자를 동결했으며 캐나다의 자산을 매각하기 시작했고, 캐나다에서 현재 치료를 받는 학생과 환자를 소환한다고 발표했다. 이 모든 일은 대단한 개혁가를 자처하는 왕세자의 지도하에 이루어졌다. 이는 정상 국가가 아니라 한 족벌이 운영하는 거대한 마피아 기업이 된 사우디아라비아가 보낸 현 상태에 그대로 머무르겠다는 분명한 신호이다.

캐나다와 사우디아라비아 사이에 일어난 분쟁에서 가장 눈길을 끄는 것은 원인과 결과 사이의 기이한 불균형이다. 사소한 외교상의 항의가 하마터면 군사적 충돌을 일으킬 뻔한 일련의 조치를 촉발한 것이다.

사우디아라비아는 예멘의 내정에 터무니없이 간섭하여 실질적으로 그 나라를 지배하는 국가다. 아울러 스스로 분쟁에 깊숙이 휘말려 여념이 없으면서도 인근의 전쟁 지역에서 오는 난민은 전혀 받아들이지 않는 국가이기도 하다.

여성에게 운전을 허용하면서도 운전권을 요구한 여성은 체포하는 조치의 메시지는 분명하고 이론의 여지가 없다. 여기에는 한 치의 모순도 없다. 작은 변화가 생긴다면 상층부의 행위로 이루어져야만 하며, 아래로부터의 저항은 용인되지 않는다는 것이다. 동일한 맥락에서 캐나다의 항의 서한에 대항한 사우디아라비아의 반격 조치에도 '터무니없는 과잉대응'이 존재한다. 그 메시지는 분명하다. 캐나다는 사태 판단을 잘못했는데, 마치 우리가 여전히 보편적 인권의 시대에 살고 있는 것처럼 행동했다는 것이다. 이집트와 러시아가 사우디아라비아의 조치를 옹호했고 다른 경우라면 인권의 강력한 수호자였을 미국과 영국조차 이 난장판에서 발을 뺐다는 사실은 '문명충돌'을 막을 유일한 대안이 각 문명—혹은 요즘 유행하는 말로 하면, '생활방식들'—의 평화적 공존 말고는 없는 새로운 세계 질서가 출현하고 있음을 선명하게 드러낸다. 강요된 결혼과 동성애 혐오 혹은 여성이 공개된 장소에 혼자 나서는 것이 강간을 부른다는 관념은 문제될 게 없다는 태도다. 그 사안이 세계시장에 완전히 포함된 타국에 국한된 일이라면 말이다. 이 새로운 트렌드의 압권은 새롭게 정립된, **이슬람을 향한 이슬람혐오적 존중**이다.

서구 기독교 세계가 이슬람화될 위험을 경고하는 바로 그 정치가들은 터키 대통령이 된 에르도안(Recep Tayyip Erdogan)의 지난 선거 승리를 진심으로 축하했다. 권위주의적 이슬람 통치는 우리에게는 아니지만, 터키에서라면 괜찮다는 것이다. 유대인 시민에게만 특권적 지위를 부여하는 말썽 많은 새 인종분리 법안을 입안한 이스라엘 역시 마찬가지 길을 가고 있다. 이것이 오늘날 다문화주의의 실상이다. 보편적 기준의 적용은 모두 식민주의적인 것으로 배격된다.

부상하고 있는 새로운 세계 질서는 따라서 더는 후쿠야마식 전 지구적 자유민주주의*라는 신세계 질서가 아니다. 서로 다른 정치신학적 생활방식의 평화적 공존이라는 질서이다. 물론 여기서 공존은 전 지구적 자본주의의 원활한 작동을 그 배경으로 두고 있다. 이 공식을 따르자면, 서방 국가가 엄격한 '정치적으로 올바른' 페미니즘적 규약을 강제하는 일과 동시에 이슬람 세계가 어두운 면을 겨냥한 비판을 신식민주의적 오만이라며 거부하는 일 사이에 아무런 모순도 존재하지 않는다.

이 과정의 외설성은 이것이 그 자체로 반식민주의적 투쟁의 진보로 현상할 수 있다는 점이다. 자유주의적 서구가 다른 세계에 기준을 부과하는 일은 더는 허용되지 않는다. 모든 삶의 방식은 동등한 것으로 취급될 것이다. 로버트 무가베(Robert Mugabe—1987년부터 30년 동안 짐바브웨 대통령을 역임한 인물)가 트럼프의 "미국 먼저!"라는 슬로건에 공감을 표시한 일은 전혀 놀랍지 않다. 당신에게 "미국 먼저!"라면 우리에겐 "짐바브웨 먼저!"이고, 저들에게는 "인도 먼저!" 또는 "북한 먼저!"이다. 이거야말로 최초의 전 지구적 자본주의 제국이었던 대영제국이 벌써부터 작동했던 방식이다. 각 민족적-종교적 공동체는 자신의 생활방식을 추구할 수 있도록 허용되어 있어서, 인도의 힌두교도는 안전하게 미망인을 태워 죽이든 뭐든 할 수 있었다. 이러한 국지적

* 일본계 미국 학자 프랜시스 후쿠야마는 냉전 종식 후 '역사의 종말'을 선언했다. 지구상에 남은 유일한 대안은 서구에서 발달한 자유민주주의와 시장경제가 결합한 형태라고 본다.

'풍습들'은 야만적이라고 비난받거나 전근대적 지혜라는 이름으로 칭송되었지만, 그들이 제국의 경제적 일부라는 사실이 중요하다는 이유로 용인되었다.

자, 사우디아라비아가 반식민주의 투쟁을 이끄는 새로운 세계 질서에 잘 오셨습니다! "미국 먼저!"라는 슬로건을 비판하는 자유주의자에게는 무언가 위선적인 면이 있다. 그들은 마치 어떤 식으로든 모든 국가가 이처럼 행동하지는 않는다는 듯이, 자국의 이해관계에 맞아떨어진다는 바로 그 이유로 미국이 전 지구적 역할을 하는 것은 아니라는 듯이 생각한다. 그렇지만 "미국 먼저!"에 숨겨진 메시지는 서글픈 내용이다. 미국의 세기가 끝났으며, 미국 스스로가 그저 여러 열강 가운데 하나로 물러났다는 것이다. 최고의 아이러니는 전 지구의 경찰을 자처했던 미국을 오랫동안 비판했던 좌파가 어쩌면 이제 옛 시절을 그리워하기 시작할지 모른다는 사실이다. 미국이 그 모든 위선에도 민주주의적 기준을 세계에 부과했던 시절을 말이다.

이러한 새로운 '관용'을 뒷받침하는 슬픈 진실은 오늘날 전 지구적 자본주의가 더는 해방된 인류라는 긍정적 전망을 이데올로기적 꿈의 형태로도 제공할 수 없다는 사실이다. 후쿠야마식 자유-민주주의적 보편주의는 자체의 내재적 한계와 비일관성으로 인해 실패했다. 포퓰리즘은 바로 이 실패의 증상, 그 헌팅턴식 질환이다.

반(역)성을 촉구하는 긴급한 호소

"과학은 인류가 처한 곤경을 매우 간단하고 직설적으로 진단한다. 앞으로 12년 동안 온실가스 배출의 45퍼센트를 줄이지 않으면 해안 도시는 물에 잠기고 식량은 동이 나는 등 여러 일이 발생할 것이다. 그리고 다시 한번 말하자면, 이걸 막기 위해서는 우리 삶의 모든 영역에 깊은 영향을 줄 빠르고 급진적인 사회 변화가 필요하다."

⋮

우크라이나와 러시아 사이에 지속되어온 접경지대 분쟁에 관한 소식들은 우리가 전쟁을 앞둔 상황에서 살아가고 있음을 드러낸다. 전 지구적 광기의 폭발이 눈앞에 어른거리는 이때 우리같이 평범한 사람은 무엇을 해야 하나? 어쩌면 이 어두운 소식을 더 파국적인 다른 일련의 소식과 견주어보는 일이 첫 대응일 필요가 있겠다. 최근의 학술 보고에 따르면 우리의 전 지구적 식량 시스템은 무너진 것이 분명하다. 전 세계 130여 개의 과학과 의학 학회에서 이야기하기로는 지구의 수십억 인구가 굶주리거나 비만이며, 식량 생산 등의 원인으로 인해 기후는 파국으로 치닫고 있다. 우리 모두에게 환경친화적 식단을 제공하려면 시스템의 근본적 변화가 요구된다.

파탄에 이른 것은 비단 전 지구적 식량 시스템만이 아니다. 최근 환경 보고서가 확실하게 알려준다. 과학은 인류가 처한 곤경을 매우 간단하고 직설적으로 진단한다. 앞으로 12년 동안 온실가스 배출의 45퍼센트를 줄이지 않으면 해안 도시는 물에 잠기고 식량은 동이 나는 등 여러 일이 발생할 것이다. 그리고 다시 한번 말하자면, 이걸 막기 위해서는 우리 삶의 모든 영역에 깊은 영향을 줄 빠르고 급진적인 사회 변화가 필요하다.

어떻게 이런 변화를 이룰 것인가? 탄소 배출이 많은 연료를 신속하게 단계적으로 폐기하는 일과는 별도로 획기적인 접근법이 하나 더 고려되고 있다. 이른바 태양광관리법(SRM: Solar Radiation Management)이다. 에어로졸을 대기 중에 지속적으로 대량 분사해서 태양광선을 굴절시키고 흡수하여 지구의 온도를 낮추는 일이다. 그러나 SRM은 매우 위험하다. 곡물 수확을 감소시키고 물의 순환을 돌이킬 수 없이 바꿔버릴 수 있다. 그 외

다른 많은 '미지의 미지수(unknown unknowns)'가 생긴다는 것은 말할 필요도 없다. 우리는 지구의 취약한 평형상태가 어떻게 작동하는지조차 알지 못하며 이러한 지구공학(geoengineering)이 어떤 예상치 못한 방식으로 그 평형상태를 교란할지 상상할 수 없다.

게다가 SRM이 왜 많은 기업에게 인기가 있는지 짐작하기는 어렵지 않다. 우리가 처한 가장 큰 문제를 지난한 사회적 변화보다 단도직입적이고 기술적으로 봉합할 전망이기 때문이다. 우리는 지금 정말로 난관에 처했다. 아무것도 하지 않으면 모두 망할 것이다. 그리고 어떤 일을 하든 치명적 위험이 있다. 여기서 누가 결단을 내릴 것인가? 과연 누구에게 결단을 내릴 자격이 있나?[1] 이 시점에는 직접적 이해득실을 따지기보다 거시적 안목에서 과학적 추론에 근거한 결단을 내려야 한다. 우리가 이미 생태적 교란의 효과를 느끼고 체험하고 있다 해도 우리의 일상생활은 아직 실제로 무너지지 않았기 때문이다.

지구온난화 탓으로 인간은 그 모든 정신적이고 실제적인 행위의 보편성에도 기본적 층위에서는 그저 지구상에 존재하는 또 다른 생물 종에 불과하다는 사실을 깨달았다. 우리의 생존은 우리가 무의식적으로 당연하게 여기는 모종의 자연적 변수에 좌우된다. 지구온난화의 교훈은 인류의 자유가 지구 생명체의 안정적인 자연적 변수—기온, 대기의 구성, 충분한 물과 에너지의 공급 등—를 바탕으로 해서만 가능했다는 점이다. 인간은 가능한 한 주변적 위치에 머물러서 지구 생태의 변수에 심각한 혼란을 일으키지 않아야만 '원하는 것을 할' 수 있다. 지구온난화로 인해 분명해진 우리 자유의 한계는 바로 우리의 자유와 지배력이 기하급수적으로 증가하여 초래된 역설적 결과이다. 다시 말해 지구 생태의 근간인 지질학적 변수의 균형을 파괴할 정도까지, 자연을 변형시키는 인간의 능력이 증대했다. 따라서 '자연'은 말 그대로 하나의 사회역사적 범주가 된다. 하지만 "자연적인 것, 혹은 자연적이라고 간주하는 것의 내용은 항상 자연을 이해하는 우리의 인식 지평을 구조 짓는 역사적 조건에 의해 과잉결정된다." 같은 어깨에 힘이 들어간 마르크스주의적 의미에서는 아니다. 훨씬 더 근본적이고 문자 그대로의 의미에서 자연은 사회역사적 범주가 된다. 자연은 인간 행위의 안정된 배경에 불과하지 않고 아주 기본적 구성요소부터 인간 행위의 영향을 받는다.

요컨대, 지구공학의 전망은 우리가 인류세(Anthropocene)에 진입한 지 한참 되었음을 뜻한다. 인류세는 지구 수명의 새로운 시기이다. 여기서 인간은 더는 지구를 우리의 생산적 활동의 결과를 맘껏 흡수할 수 있는 저수지로 삼아 의존할 수 없게 되었다. 지구는 더는 인간 생산활동의 이해 불가능한 배경/지평이 아니다. 살 수 없을 정도까지 인간이 무심코 파괴하거나 변형할 수도 있는 (또) 하나의 유한한 대상으로 부각된다. 여기에 인류세의 역설이 있다. 인간이 지구 전체 생명의 균형을 좌지우지할 만큼 아주 강력한 존재가 된 바로 그 시점에, 인류는 자신이 하나의 생물 종에 불과하다는 자기 한계를 깨닫게 되었다. 안정된 자연이라는 배경에 비추었을 때 자연과 지구에 행사하는 영향력이 주변적이고, 미미한 한에서는 인간이 자연을 지배하고 착취하는 일을 꿈꾸는 것이 가능했다. 역설적인 것은 자연의 재생산이 인간의 활동에 점차 의존할수록 점점 더 자연은 인간의 통제를 벗어난다는 사실이다. 우리가 무지한 것은 자연의 감추어진 이면이 아니다. 무엇보다 인간 자신의 활동 결과를 파악하기가 불가능하다는 점이다.

그러니 맞다, 우리는 깊은 수렁에 빠져 있다. 여기에 무슨 손쉬운 '민주주의적' 해법이 있을 리 없다. 정부나 기업만이 아니라 사람들 스스로 결단해야 한다는 생각에는 큰 의미가 있지만, 중요한 의문이 생긴다. 사람들의 인지력이 기업의 이해관계로 인해 왜곡되지 않는다고 하더라도, 무슨 근거로 그들에게 그처럼 민감한 문제에 결단을 내릴 자격이 주어지는가? 우리가 할 수 있는 일은 적어도 우선순위를 똑바로 세우고, 전쟁으로 차지하려는 바로 그 지구가 위험에 처해 있는 참에 지정학적 전쟁 놀음을 벌이는 게 얼마나 터무니없는지 인정하는 일이다.

국가 간 경쟁이라는 논리가 지극히 위험한 발상인 이유는 인류가 환경을 대하는 새로운 관계 양식의 변화를 정립해야 할 시급한 필요에 역행하기 때문이다. 페터 슬로터다이크(Peter

Sloterdijk)가 "야생동물의 길들이기 문화(the domestication of the wild animal culture)"*라고 부른, 정치경제학의 근본적 변화 말이다. 오늘날까지 개별 문화는 자기 구성원을 훈육 및 교육했고 국가권력의 모습으로 그들 사이의 시민적 평화를 보증했다. 하지만 서로 다른 문화와 국가 간의 관계는 항구적으로 잠재적인 전쟁의 그림자 아래 놓여 있었다. 모든 평화 상태는 그저 일시적인 휴전에 불과하다. 국가의 모든 윤리는 가장 영웅적인 행위, 즉 자신의 국가를 위해 기꺼이 생명을 바치는 희생에서 그 절정에 이르렀다. 이는 국가 간의 광폭한 야만적 관계가 한 국가 내부의 윤리적 삶의 기반으로 복무해왔음을 뜻한다. 장거리 목표 타격을 위한 핵무기와 로켓 개발을 무자비하게 추구하는 오늘날의 북한이야말로 이 무조건적 국민국가 주권 논리의 궁극적 사례는 아닐까?**

그렇지만 우리가 지구호라는 한 척의 우주선에 살고 있다는 사실을 온전히 받아들이는 순간 긴급하게 제기되는 임무가 있다. 문명 자체를 문명화하는 과제, 모든 인간 공동체의 보편적 연대와 협력이다. 이 과제는 지속되는 분파적 종교 및 종족의 '영웅적' 폭력, 자신이 따르는 특정한 대의를 위해 자신과 세

* 페터 슬로터다이크, 《20세기에 무슨 일이 일어났는가?》. Peter Sloterdijk, *What Happened in the Twentieth Century?*, London: Polity, 2018, p. 86.

** 슬라보예 지젝, 《용기의 정치학》, 박준형 옮김, 다산초당, 2020, 75~76쪽.

계를 기꺼이 희생하려는 움직임 때문에 그 어느 때보다 더 힘겨운 임무가 되었다.

따라서 우리의 이성적 반성 능력은 여기서 반역을 꾀하길 요구한다. 대의를 배반하고 멈추지 않는 전쟁 놀음에 가담하길 거부하라. 우리 국가를 이루는 국민의 운명을 정말로 소중히 여긴다면 우리의 구호는 바로 미국은 마지막에, 중국은 마지막에, 러시아는 마지막에가 되어야 한다.

1. 케이트 아로노프, 〈태양을 차단하려는 위험한 계획〉. Kate Aronoff, "Inside Geoengineers' Risky Plan To Block Out the Sun", *In These Times*, 2018. 12. 15.
https://inthesetimes.com/features/geoengineering-climate-change-fossil-fuel-industry-srm-indigenous-activism.html (2020. 11. 20. 마지막 접속)

민주적 사회주의와 그 불만

"내가 우려하는 것은 그와 정반대이다. 그들의 구체적인 복지 사회 공약 이면에는 아무것도, 아무런 거시적 계획도 없고, 단지 더 많은 사회적 정의라는 모호한 이념만 있다는 것이다. 그 이념은 선거라는 압박 수단을 통해 정치의 무게중심을 좌파 쪽으로 다시 끌어오겠다는 것에 불과하다. 그리 장기적이지 않은 전망에서 볼 때 이것으로 충분한가?"

⋮

오카시오-코르테스(Alexandria Ocasio-Cortez—미국 뉴욕주 하원의원)는 전국 무대에서 폭발력을 발휘하기 위해, 음지에서 기다리던 다른 인사들과 함께 미국 민주당 좌파 진영의 대표적 인물

오카시오-코르테스. 2018년 중간선거에서 계급, 인종, 성별의 벽을 뛰어넘고 최연소 여성 하원의원이 되었다. 1989년 뉴욕에서 태어났으며, 푸에르토리코 이민자 가정의 후손으로 자신을 '바닥 출신의 후보' '민주적 사회주의자'로 소개한다. 2016년 샌더스의 대선캠프에서 일하면서 정계에 입문했다.

인 버니 샌더스(Bernie Sanders—미국 버몬트주 상원의원)에게 합류했다. 이후 '민주적 사회주의(Democratic Socialism)'라는 용어가 미국의 두 주요 정당 가운데 하나에서 제한적이나마 받아들여졌기에, 이 사실이 광범위한 반발을 부른 일은 전혀 놀랍지 않다. 공화당 성향의 언론은 예상했던 대로 공포심을 조장하고 있다. 민주적 사회주의자는 자본주의를 폐기하려는 심사이며 베네수엘라식의 국가 테러를 도입하고 가난을 초래할 것이라는 둥 떠든다. 다소 절제된 방식이긴 하지만 중도 민주당원도 민주적 사회주의의 제안이 의도치 않게 파국적 경제 결과를 가져올 거라고 경고한다. 전 국민 건강보험을 위한 자금을 어떻게 조성할 거냐는 식으로 의문을 제기한다. (덧붙여두자면, 현재 민주적 사회주의자가 내놓은 가장 대담한 제안조차 반세기 전 유럽의 온건 사회민주주의 정책에 턱없이 못 미친다는 점을 기억할 필요가 있다. 이는 전체 정치 영역의 무게중심이 얼마나 우파 진영 쪽으로 기울었는지 나타내는 증거다.) 민주당 내 자유주의적 좌파 진영에서도 탐탁지 않은 반응이 있다. 중간선거의 민주당 계열 후보자를 지지하는 오바마의 80명이 넘는 목록에서, 오카시오-코르테스의 이름을 찾기는 난망하다. "잘 들으세요. 우리는 자본주의 신봉자들이고 그건 그냥 당연한 거예요."라는 낸시 펠로시(Nancy Pelosi—민주당 출신의 미국 하원 의장)의 말을 받아, '좌파주의자' 엘리자베스 워런(Elizabeth Warren—매사추세츠주 주지사를 지낸 민주당 상원의원)조차 자신은 "뼛속까지 자본주의 신봉자"라고 선언했다.

이런 일련의 사태에 가장 최근의, 도덕적으로 문제적인 유행이 숨어 있다. 수용 가능한 좌파-자유주의적 기득권에서 좌파 쪽으로 떨어져 나가는 사람에게 반유대주의의 혐의를 씌우는 것이다. 최근에 이르기까지 '반유대주의'라는 딱지는 이스라엘 국가와 팔레스타인 사람을 겨냥한 이스라엘의 국가적 조치를 비판하는 경우에 적용되었다. 현재 이 말은 영국의 코빈(Jeremy Corbyn—영국 전 노동당수, 반유대주의 혐의로 조사받고 있다.)에서 미국의 오카시오-코르테스에 이르기까지 '너무 급진적'이라고 여겨지는 좌파를 몰아내기 위해 차츰 동원된다. 폴란드, 헝가리, 발트해 연안국가에서는 국가 내부의 반유대주의자에게, 요르단강 서안지구에 관한 이스라엘의 정치를 지지하는 시온주의자로 전향하는 한 관용을 베푼다. 하지만 서안지구 팔레스타인 사람에게 온정적일 뿐만 아니라 새롭게 발흥하는 유럽의 반유대주의도 우려하는 좌파는 언제나 무시한다.

이러한 외부의 적과 공격이야 민주적 사회주의자의 투쟁 태세를 북돋을 뿐이겠지만, 사실 민주적 사회주의 기획의 바로 그 핵심에는 훨씬 치명적 결함이 존재한다. 현재의 민주적 사회주의는 지난 수십 년간 왕성했던 학계의 급진주의보다 비교할 수 없을 만큼 월등한데, 수십만 명의 일반 대중을 결집하고 그들의 불만을 접수하며 발언하게 하는 실제 정치 운동을 대표한다는 단순한 이유 때문이다.

문제는 다음과 같이 쉬운 질문을 던질 때 생겨난다. 민주적 사회주의는 실질적으로 무엇을 지향하는가? 우파가 그들을 공격하는 비난은 세금을 올리고 건강보험을 개선하자는 등의 사심 없어 보이고 구체적인 그들의 제안 이면에 자본주의체제와 그 자유를 파괴하려는 음험한 프로젝트가 있다는 것이다. 내가 우려하는 것은 그와 정반대이다. 그들의 구체적인 복지사회 공약 이면에는 아무것도, 아무런 거시적 계획도 없고, 단지 더 많은 사회적 정의라는 모호한 이념만 있다는 것이다. 그 이념은 선거라는 압박 수단을 통해 정치의 무게중심을 좌파 쪽으로 다시 끌어오겠다는 것에 불과하다.

그리 장기적이지 않은 전망에서 볼 때 이것으로 충분한가? 지구온난화에서 난민에 이르기까지, 디지털화한 통제에서 유전공학적 조작에 이르기까지, 우리가 당면한 도전은 다름 아니라 지역사회의 전 지구적 재조직화를 요청하지 않는가? 어떤 식으로 이 일이 진행되더라도 두 가지만큼은 분명하다. 이 작업은 레닌주의 공산당의 어떤 새로운 변형으로 수행되지는 않겠지만, 마찬가지로 우리의 의회 민주주의의 일부로 달성되지도 않을 것이다. 단순히 한 정치적 정당이 더 많은 투표를 얻어서는 민주적 사회주의 조치를 수행할 수 없다.

이 문제는 민주적 사회주의자의 치명적 한계를 보여준다. 1985년에 가타리(Félix Guattari)와 네그리(Antonio Negri)는 《자유의 새로운 공간(Les Nouveaux espaces de liberté)》*이라는 짧은 프랑스어 책을 출판했다. 이 책의 제목은 영어 번역판에서 《우리와 같은 공산주의자들(Communists Like Us)》로 바뀌었다. 이렇게 바뀐 사실

* 안토니오 네그리, 펠릭스 가타리, 《자유의 새로운 공간》, 조정환 옮김, 갈무리, 2007.

이 주는 분명한 메시지는 민주적 사회주의자의 입장과 동일했다. "두려워하지 마세요. 우리도 당신과 같은 평범한 사람입니다. 우리가 승리하더라도 어떤 위협도 생기지 않고 일상은 지속될 거예요." 애석하게도 이것은 대안이 아니다. 우리의 생존을 위해서는 근본적 변화가 필요하다. 우리 삶은 평소대로 흘러가지 않을 것이며, 우리 내면의 삶조차 바뀌어야만 할 것이다.

당연히 우리는 민주적 사회주의자를 전적으로 지지해야 한다. 근본적 변화를 꾀할 적절한 때를 기다리기만 한다면 그 시간은 결코 도래하지 않을 것이다. 우리가 서 있는 곳에서 시작해야만 한다. 그러나 아무런 환상 없이 수행해야 한다. 우리의 미래가 선거를 통한 게임과 민주적 사회주의 조치 이상의 것을 요구한다는 사실을 충분히 깨닫고 나서 말이다. 생존이 걸린 이 위험한 항해에 우리는 이제 막 나섰다.

유럽연합에 독자적 군대가 필요한가?

"물론 자신이 오직 평화를 원하며 다른 쪽이 제기하는 위협에 응대할 뿐이라고 주장할 수 있다. 예컨대 푸틴은 곧바로 트럼프의 주장에 반응한 것일 뿐이라고 덧붙인다. 옳은 이야기다. 하지만 이 말의 의미는 전체 시스템 자체가 광기이며, 일단 시스템에 가담하면 빠져들게 되는 악순환이 바로 그 광기라는 이야기다."

⋮

유럽연합에는 그 어느 때보다 독자적 군대가 필요하다. 사실 우리는 모두를 군비경쟁에 뛰어들게 하는 가장 썩어빠진 변명을 알고 있다. '가상의 적이 무장하는 판국에 전쟁을 억제하고 평화를 수호하는 유일한 길'은 같이 전쟁을 대비하는 일이라는 것이다. 이러한 변명을 잘 알면서도 유럽에 독자적 군대가 필요하다고 주장하는 이유는 무엇일까?

이미 십여 년 동안, 세 주요 열강—미국, 러시아, 중국—간의 군비경쟁은 광적인 흐름으로 폭발하고 있다. 전체 북극 지역이 군사화되고 있으며, 수십억 달러가 군사용 슈퍼컴퓨터와 유전공학에 투자되고 있다. 2018년 10월 트럼프는 미국이 러시아와의 핵군축 조약에서 발을 뺀다고 선언했다. 중국의 군사 잡지에서는 미국과 러시아의 군사력이 최근 이라크와 시리아 등지의 분쟁 지역에서 시험되었지만, 중국의 군사력은 수십 년 동안 실제 전투에 투입되지 못했으니 중국도 실제 전쟁에 임할 필요성이 있다는 내용으로 공개적 논쟁을 벌였다. 러시아는 어떤가? 2018년 3월 1일 러시아 의회의 의원에게 행한 국정연설에서 블라디미르 푸틴은 다음과 같이 말했다.

> 미사일 시험 발사와 지상 훈련을 통해 완전히 새로운 무기, 즉 핵엔진을 장착한 전략 핵미사일을 개발할 수 있게 되었습니다. 사정거리는 무제한입니다. 시간의 제약 없이 작동됩니다. 세계의 누구도 이와 유사한 무기를 갖지 못했습니다.

박수갈채에 화답하여 푸틴은 이렇게 결론을 내린다. "러시아는 여전히 세계에서 가장 강력한 핵 잠재력을 지니고 있는데 아무도 우리 이야기에 귀를 기울이지 않습니다. 이제 우리 이야기를 들어야 할 겁니다."

그렇다. 우리는 이 이야기에 귀 기울여야 한다. 하지만 이 이야기를 다른 두 미치광이, 트럼프와 시진핑의 이중창에 합류하려는 한 미치광이의 말로 새겨야만 한다. 각 진영은 물론 자신이 오직 평화를 원하며 다른 쪽이 제기하는 위협에 응대할 뿐이라고 주장할 수 있다. 예컨대 푸틴은 곧바로 (방어용 보호 장치 덕분에 미국이 러시아와의 핵전쟁에서 이길 수 있다는) 트럼프의 주장에 반응한 것일 뿐이라고 덧붙인다. 옳은 이야기다. 하지만 이 말의 의미는 전체 시스템 자체가 광기이며, 일단 시스템에 가담하면 빠져들게 되는 악순환이 바로 그 광기라는 이야기다. 여기 이 사고의 구조는 모든 참가자가 이성적으로 행동하는데, 자신과 정확히 똑같이 생각하는 상대방만 비이성적이라고 상정하는 믿음의 구조와 유사하다.

나는 사회주의국가였던 유고슬라비아에서 젊은 시절을 보냈는데, 거기서 화장지를 둘러싸고 벌어진 희한한 일화 하나를 기억한다. 어느 날 갑자기, 가게에 화장지가 부족하다는 소문이 돌기 시작했다. 관계 당국은 재빨리 성명을 내어 일상적으로 쓸 충분한 화장지가 있으니 안심하라고 알렸다. 놀랍게도 이 말은 사실이었을 뿐만 아니라 대부분의 사람 역시 그게 사실이라고 믿었다. 그러나 평균적 소비자라면 다음과 같이 추론했을 터이

블라디미르 푸틴의 기자회견장에서 블라디미르 푸틴, 마린 르펜, 도널드 트럼프의 모습이 담긴 포스터를 들고 있는 극우 정당의 활동가 마리아 카타소노바. (러시아 모스크바, 2016. 12. 23.)

다. "화장지는 충분하고 소문은 사실이 아니란 것을 나도 안다. 하지만 만일 어떤 사람이 이 소문을 진짜로 믿어서 공포에 빠진 채 과도한 물량의 화장지를 구입하기 시작하고 이런 식으로 실제로 화장지가 부족해진다면 어떻게 될까? 그러니 나야말로 화장지 여분을 사두는 게 좋겠군." 다른 누군가가 소문을 심각하게 받아들일 것이라고 굳이 믿을 필요조차 없다. 그냥 그 소문을 진지하게 받아들일 사람이 있다고 어떤 사람이 가정하는 것만으로도 충분하다. 결과는 마찬가지다. 즉 가게에서 진짜로 화장지가 동이 난다.

이미 2016년 12월에 이러한 광기는 거의 상상할 수 없을 정도로 어처구니없는 정점으로 치달았다. 트럼프와 푸틴은 러시아와 미국 간에 한층 더 새로운 동반자적 관계가 가능한 기회라고 강조했으면서도 동시에 자신들은 군비경쟁에 완전히 매진하겠다고 힘주어 주장했다. 마치 열강 간의 평화는 새로운 냉전에 의해서만 마련된다는 듯이 말이다. 알랭 바디우(Alain Badiou)는 미래에 벌어질 전쟁의 윤곽이 이미 그려져 있다고 말했다. "미합중국과 유럽-일본 패거리가 한편에 자리하고 중국과 러시아가 다른 진영에 맞서면서 핵무기가 도처에 넘쳐난다." 여기서 레닌의 명제를 떠올리지 않을 수 없다. "혁명이 전쟁을 막거나 전쟁이 혁명을 촉발할 것이다." 미래의 정치적 작업이 바랄 수 있는 최대치의 전망을 우리는 이런 식으로 정의할 수 있겠다. 인류 역사상 처음으로 두 번째 테제—'전쟁이 혁명을 촉발할 것이다.'—가 아니라, 첫 번째 테제—'혁명이 전쟁을 막을 것이다.'—가 실현되어야만 한다. 제1차세계대전 기간 러시아와 제2차세계대전 기간 중국에서 실현된 것은 실질적으로 두 번째 테제이다. 그러나 얼마나 많은 대가를 치렀고, 얼마나 오랫동안 그 결과들을 감내했던가![1]

자, 그러면 왜 유럽이 이 정신 나간 춤판에 뛰어들어야 하는가? 왜냐하면 유럽은 분명코 예외이기 때문이다. 유럽은 미국-먼저, 러시아-먼저, 중국-먼저라는 구호 사이에서 지배력을 경쟁하는 세계와 맞지 않다. 군대를 만들지 않으면 유럽은 이 거대 삼자 세력이 벌이는 지배 경쟁의 놀이터가 될 터이고, 이미 그렇게 되어가고 있다. 미국과 러시아는 모두 유럽의 통일성을 파괴하려고 무진 애를 쓴다. 중국은 애매한 거리를 유지하고 있다. 유럽은 갈수록 비정상 상태가 되어 홀로 선 채 아무런 연합 세력도 갖지 못할 것이다. 유럽이 자율성을 유지할 수 있는 유일한 길은 한층 높은 통합을 이루고 이 통일성을 통합 군대를 통해 드러내는 일이다.

1. 알랭 바디우, 《여러분 가운데 많은 분들이…》. Alain Badiou, *Je vous sais si nombreux*…, Paris: Fayard, 2017, pp. 56–7.

트럼프와 유럽이라는 이념

"우리는 오직 위기의 순간에만 유럽의 이 본질적 차원, 그 숨겨진 잠재력으로 억지로 복귀한다. 좀 더 정확히 말해, 핵심은 이 이념으로 그저 돌아가는 것만이 아니라 (재)발명하는 일, 실제로 존재하지 않았던 것을 '발견'하는 일이다."

⋮

트럼프는 유럽연합이 미국의 '적대국' 순위에서 러시아와 중국을 제치고 가장 앞서 있다고 언급한 적이 있다. 유럽의 지도자들과 격렬한 회담을 마친 직후 한 인터뷰에서다.(2018. 07. 15.) 이 주장에 대해 트럼프가 미국의 동맹국을 적성국보다 홀대하고 있다면서 정신 나갔다고 비난하기보다 간단한 질문 하나를 던져보자. 유럽연합의 무엇이 트럼프의 짜증을 돋웠을까? 관세전쟁과 유럽의 미국 수출을 향한 트럼프의 '불공정한' 공격은 부차적 문제이다. 이 일은 2018년 8월 있었던 트럼프와 융커(Jean-Claude Juncker—전 유럽연합 집행위원회 위원장) 사이의 관세휴전 덕에 적어도 일시적으로는 억제될 수 있었다.

유럽을 겨냥한 트럼프의 불만은 훨씬 뿌리가 깊어서, 다음과 같은 질문을 던져야만 한다. 트럼프가 말하는 유럽은 어떤 유럽인가? 기자들이 트럼프에게 유럽으로 쏟아져 들어오는 이민자 행렬에 관해 질문했을 때, 그는 반이민적 포퓰리스

왼쪽부터 도널드 트럼프 미국 대통령, 도날트 투스크 유럽연합 전 정상회의 상임의장, 장클로드 융커 유럽연합 전 집행위원장. (벨기에 브뤼셀 유럽의회 청사, 2017. 05. 25.)

트다운 면모에 걸맞게 답변했다. 이민자가 유럽의 문화와 생활양식의 기본 직조물을 산산조각 내고 있으며 유럽의 정신적 정체성에 위협을 준다는 것이다. 마치 트럼프의 입을 빌려 오르반(Viktor Orbán—헝가리 총리, 우파 보수주의자)이나 살비니(Matteo Salvini—이탈리아 부총리를 역임한 우파 포퓰리스트) 같은 인물이 말하는 것과 흡사했다.

그렇다면 어떤 유럽이 트럼프를 괴롭히는가? 그것은 초국가적 통일체인 유럽으로서, 작금의 도전을 감당하기 위해서는 국민국가라는 제약을 뛰어넘어야만 한다는 것을 어렴풋이 깨닫고 있는 유럽이다. 또 피해자의 연대라는 오래된 계몽주의적 모토를 여전히 어떤 식으로든 충실히 따르기 위해 필사적으로 노력하는 유럽이며, 인류가 오늘날 하나이고 모두가 같은 배—혹은 요새 말로 하면 같은 지구호 우주선—에 타고 있기에 타인의 고통은 또한 내 문제이기도 함을 알고 있는 유럽이다. 여기서 우리는 슬로터다이크를 거론해야만 한다. 그는 오늘날의 투쟁이 현대 유럽의 가장 위대한 정치-경제적 성취인 사회민주주의 복지국가의 존속을 어떻게 확보할 것인가에 있다고 본다. 그에 따르면, 우리가 마주한 현실은 적어도 유럽에서는 '주관적' 사회민주주의에 맞선 '객관적' 사회민주주의다. 우리는 정당의 집합을 뜻하는 사회민주주의와 '한 체제의 공식'을 뜻하는 사회민주주의를 구분해야 한다. 후자는 "바로 정치경제적 사물의 질서를 뜻하며, 현대 국가형태에서 이는 조세국가, 기반시설 국가, 법치국가, 무엇보다도 사회적 국가와 치유적 국가로 정의된다." "도처에서 우리는 현행적이거나 구조적인 사회민주주의, 명시적이거나 잠재적인 사회민주주의와 마주하는데, 한 정당에 구현된 사회민주주의이거나 현대 국가체제의 정의와 기능과 절차 그 자체에 있어 대체로 불가역적으로 짜여 있다."[1]

일반적으로 일이 진행되는 경우라면, 통합된 유럽의 바탕이 되는 이러한 이념은 타락하거나 반쯤 잊혔을 것이다. 우리는 오직 위기의 순간에만 유럽의 이 본질적 차원, 그 숨겨진 잠재력으로 억지로 복귀한다. 좀 더 정확히 말해, 핵심은 이 이념으로 그저 돌아가는 것만이 아니라 (재)발명하는 일, 실제로 존재하지 않았던 것을 '발견'하는 일이다. 주판치치가 핵무기를 통한 인류의 (자기) 파괴를 두고 말했듯이, "진정한 선택은 모두 잃을 것이냐 아니면 우리가 잃을 것을 창조하느냐이다. 창조만이 깊은 의미에서 우리를 궁극적으로 구원할 수 있다…. 핵폭탄이 알려줄 기상나팔의 가능성은 그저 '너무 늦기 전에 막기 위한 모든 노력을 다 해보자.'가 아니라 오히려 '폭탄으로 인해 잃게 될 처지에 있는 이 통합성—통일성, 공동체, 자유—을 먼저 세우자.'이다."*

* 알렌카 주판치치, 〈아포칼립스는 여전히 실망스럽다〉. Alenka Zupančič, "The Apocalypse is (still) Disappointing", *S: Journal of the Circle for Lacanian Ideology Critique*, 10&11(2017-18), p. 22. http://www.lineofbeauty.org/index.php/S/article/download/82/101 (2020. 11. 20. 마지막 접속)

바로 거기에 핵으로 인한 파괴 혹은 생태의 파괴라는 바로 그 진짜 위협이 열어놓은 독특한 기회가 존재한다. 전부 잃게 되리라는 위험을 깨달으면 우리는 자동적으로 퇴행적인 환상, 즉 현실과 그 현실의 숨겨진 잠재성 사이의 혼선(단락)에 사로잡힌다. 우리가 지키려는 것이 현재 우리 세계의 현실이 아니라, 핵무기의 위협을 초래한 적대관계가 방해하지 않았더라면 가능했을 법한 현실이라고 믿는 것이다. 마찬가지 이야기가 미국을 한 축으로 하고 러시아를 다른 축으로 하는 거대한 집게의 가운데 놓인 통합된 유럽에도 해당한다. 미국과 러시아가 비록 대립하는 것으로 보이지만, 고삐 풀린 자유주의와 개인주의 대 새로운 권위주의는 형이상학적으로 볼 때 모두 동일하다. 미국이 먼저니, 러시아가 먼저니 하는 사이비 애국주의에 바탕을 두고 무제한의 기술을 신봉하는 이 똑같이 가망 없는 광기들을 보라.

지구상의 가장 먼 지역까지 기술적으로 지배되고 경제적으로 착취된다면, 우리가 원하는 어떤 사건, 우리가 원하는 어떤 지역, 우리가 원하는 어떤 시간이든 우리가 바라는 대로 얻을 수 있게 된다면, 텔레비전 '생중계'를 통해 우리가 이라크의 사막에서 벌어지는 전투와 베이징에서 상연되는 오페라를 동시에 '체험'할 수 있다면, 전 지구적 디지털 네트워크를 통해 시간이 단지 속도와 즉각성과 동시성에 불과하다면, 리얼리티 텔레비전 쇼의 승자가 대중의 위대한 인물로 간주된다면, 그렇게 된다면 그때 이 모든 소란 위로 여전히 하나의 유령처럼 이런 질문이 떠오를 것이다. 무엇을 위해? 어디를 향해서? 그다음엔?

하이데거를 잘 아는 사람이라면 누구든 이 문단에서 1930년대 중반 유럽의 상황을 아이러니하게 풀어낸 그의 진단《형이상학이란 무엇인가》*를 쉽사리 읽어낼 것이다. 유럽인에게는 하이데거가 타자 및 유럽 자신의 과거 모든 측면과의 해석적 대면(Auseinandersetzung)이라고 부른 것이 필요하다. 유럽의 고대와 유대-그리스적 뿌리부터 최근 사멸한 복지국가 이념에 이르기까지의 모든 측면에서 말이다. 모든 위기는 그 자체로 새로운 출발을 위한 자극이다. 모든 단기 전략과 실용적 조치의 붕괴는 모습을 감춘 축복, 즉 뿌리부터 새롭게 사유할 기회이다. 우리에게 시급한 일은 반복을 통한 되새김(Wieder-Holung)이다. 전체 유럽의 전통과 비판적으로 대면함으로써, 우리는 '유럽은 무엇인가?' 또는 차라리 '유럽인이 된다는 것은 무엇을 뜻하는가?'라는 질문을 거듭 물어야 하며, 그로써 새로운 태동을 정식화해야 한다.

미국과 러시아는 모두 대놓고 유럽을 찢어놓길 바란다. 트럼프와 푸틴은 브렉시트를 응원하며, 폴란드에서 이탈리아에 이르는 모든 지역의 유럽회의론을 후원한다. 유럽의 이민자를 향한 일관된 정치학을 도모할 수 없는 무능력부터 트럼프의 관

* 마르틴 하이데거,《형이상학이란 무엇인가》. Martin Heidegger, *Einführung in die Metaphysik*, de Gruyter, 1999.

세전쟁에 맞서는 처참한 대응에 이르기까지. 모든 시험 무대에서 거듭해서 실패하는 유럽의 비참한 고통을 우리가 잘 알고 있는 지금, 유럽의 일을 둘러싸고 미국과 러시아의 짜증을 돋우는 것은 과연 무엇일까? 그것은 분명 지금 실제로 존재하는 유럽이 아니라 모든 역경에도 불을 지펴 위험의 순간에 선명해질 유럽이라는 이념이다.

1. 페터 슬로터다이크, 〈행위주체의 출현〉. Peter Sloterdijik, "Aufbruch der Leistungsträger", *Cicero*, 2009. 11. https://www.cicero.de/wirtschaft/aufbruch-der-leistungstr%C3%A4ger/40259 (2020. 11. 20. 마지막 접속)

2부

현대정치와 포퓰리즘

맞아요,
인종차별은 여전합니다!

"이 정치학 기저에 깔린 꿈은 서안지구와 가까운 근처 한 언덕에 세워진 팔레스타인 마을과 유대인 정착민 마을을 분리하는 벽이 가장 잘 표현한다. 이스라엘 쪽 벽에는 벽 너머의 시골 풍경 이미지가 그려져 있다. 그런데 팔레스타인 마을은 빠져 있고 그저 자연, 풀, 나무 등을 묘사했다. 이거야말로 인종 청소의 가장 순수한 형태 아닐까? "

⋮

주요 언론이 앞다투어 보도한 CNN 여론조사 결과*에 따르면 반유대주의가 유럽에서는 여전히 위세를 떨치고 있다. 유럽인의 삼분의 일에 달하는 사람이 유대인이 너무 과도한 영향력을 행사한다고 생각하며, 젊은 세대는 홀로코스트를 점차 망각하고 있다. 우리는 아무런 제한조건 없이 모든 형태의 반유대주의를 배척하고 싸워야 한다. 하지만 이 여론조사 결과를 다른 관점에서도 바라보아야 한다.

첫째, 유대인에게 반감을 지닌 사람의 비율과 무슬림이나 흑인에게 부정적인 사람의 비율을 비교하면 어떨지 생각해보면 흥미로울 것이다. 우리가 어떤 인종차별은 받아들일 수 없다고 보면서도 어떤 다른 인종차별은 당연하다고 느끼는지 확인하기 위해서라도 말이다.

둘째, 여기서 시온주의적 반유대주의의 역설을 따져봐야 한다. 아주 많은 수의 유럽과 미국의 반유대주의자가 자기 나라에서 너무 많은 유대인이 사는 걸 원하지 않는다. 반면 이스라엘이 서안지구로 확장하는 것은 전적으로 찬성하는데, 이를 어떻게 이해해야 할까.

이 문제는 핵심이 되는 물음으로 이어진다. 반유대주의를

* 여론조사 결과는 다음을 참조. 〈유럽의 그림자: 2018년의 반유대주의 (A Shadow Over Europe: Anti-Semitism in 2018)〉, CNN, 2018. https://edition.cnn.com/specials/europe/anti-semitism-europe (2020. 11. 20. 마지막 접속)

어떻게 판별할 수 있을까? 어디까지가 이스라엘의 서안지구 확장을 정당하게 비판하는 일의 끝이고 어디서부터가 반유대주의의 시작인가? 몇몇 고찰을 좀 더 보태서 이 문제를 해명해보자.

공공영역에서 모순을 감지하는 능력이 점차 사라지는 현상을 가리키는 지표 하나가 있다. 약 십여 년에 걸쳐 이스라엘 국가와 팔레스타인인 사이의 협상을 표현하는 데 반복해서 쓰이는 은유다. 십 년쯤 전 양측의 협상이 여전히 진행 중일 때, 팔레스타인 측 협상 대표는 이스라엘과의 대화를, 탁자에 앉아 피자를 앞에 두고 어떻게 나눌지 협상하는 두 사람에 비유했다. 사실 이스라엘은 서안지구를 어떻게 분할할지 협상하는 동안 그 지역에 점점 더 많은 정착지를 세우고 있었다. 양측 논쟁이 지속되는 동안 둘 중 하나는 내내 피자 조각을 먹어 치우고 있었던 셈이다.

서안지구를 다룬 최근의 한 다큐멘터리를 보면, 어떤 유대인 정착민이 약간의 서글픔이나 반어법도 없는 서늘한 만족감으로 바로 그 일화를 거론하는 장면이 나온다. 고약한 미소를 덧붙이면서 정착민은 이렇게 말한다. "팔레스타인과 우리 사이의 협상은 피자 한 판을 놓고 어떻게 나눌지 씨름하는 와중에 우리가 내내 피자 조각을 먹어 치우는 상황과 흡사합니다."*

* 미국 CBS 방송국에서 방영한 시몬 도턴의 다큐멘터리 〈정착민들〉을 가리킨다. Shimon Dotan, "The Settlers", 2017. https://www.cbsnews.com/news/documentary-the-settlers-on-control-of-the-west-bank/ (2020. 11. 20. 마지막 접속)

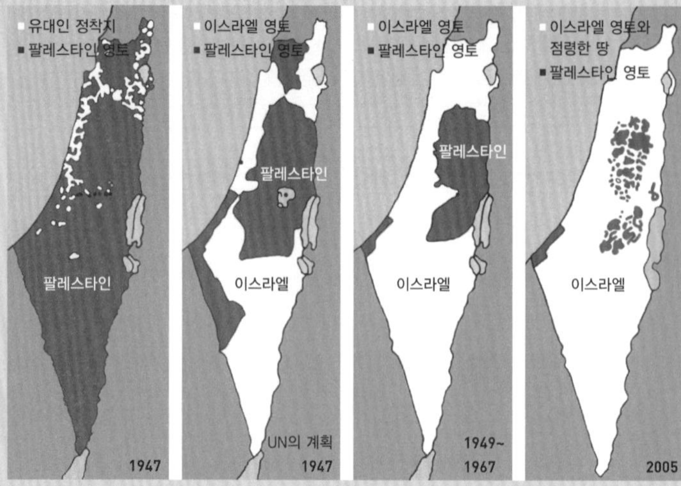

연도에 따른 이스라엘과 팔레스타인 영토 점유 비율.

이스라엘과 팔레스타인 마을을 분리하는 벽 앞의 군인과 그를 지켜보는 한 팔레스타인 아이.

피자를 먹어 치우는 상황을 두고 했던 발언이 인용된 그 텔레비전 다큐멘터리가 서안지구의 정착촌을 화면에 담은 방식에는 무언가 정말로 불편한 점이 존재한다. 새 정착민의 대다수가 거기로 이주하게 된 이유는 시온주의적 꿈 때문이 아니다. 대도시—이 경우엔 예루살렘—에 가까운 쾌적하고 깨끗한 주거지에서 살고 싶다는 단순한 소망이었다. 그들은 그곳에서의 생활이 로스앤젤레스의 교외 지역에 사는 것보다 더 낫다고 설명한다. 녹색 환경, 깨끗한 공기, 저렴한 수도와 전기, 별도의 고속도로를 통해 대도시에 손쉽게 접근할 수 있는 점, 학교와 쇼핑센터 등 지역 내 모든 기반시설을 갖추었으면서도 이스라엘 국가의 보조로 세워지고 지원받기에 미국보다 생활비가 덜 든다는 것이다. 그렇다면 그들을 둘러싸고 있는 팔레스타인 도시와 마을은 어떤가? 두 가지 주요 형태로 확인되는 그 지역은 기본적으로 눈에 띄지 않는다. 정착촌을 건설하는 값싼 노동력과 성가시게 여겨지는 산발적 폭력 사태. 요컨대, 이스라엘 정착민 대부분은 주변으로부터 고립되어서 보이지 않는 지붕들 아래 살고 있다. 마치 그 지붕 바깥에서 벌어지는 일은 자신과 실제로 아무 상관 없는 다른 세상에 속한다는 듯이 행동한다.

이 정치학 기저에 깔린 꿈은 서안지구와 가까운 근처 한 언덕에 세워진 팔레스타인 마을과 유대인 정착민 마을을 분리하는 벽이 가장 잘 표현한다. 이스라엘 쪽 벽에는 벽 너머의 시골 풍경 이미지가 그려져 있다. 그런데 팔레스타인 마을은 빠져 있고 그저 자연, 풀, 나무 등을 묘사했다. 이거야말로 인종청소의 가장 순수한 형태 아닐까? 벽 바깥 세상은 마땅히 그러해야 한다는 듯, 텅 비어 있고 원초적이며 사람이 들어오기만을 기다리는 곳으로 그려진다.

그러니 이스라엘이 진심으로 중동 지역의 평화를 바라는 것인지 의심해야 할까? 이스라엘은 물론 평화를 원한다. 일단 원하는 것을 손에 넣으면 식민주의자와 정복자는 대체로 항상 평화를 원한다. 평화는 바로 그들이 수중에 넣은 것을 평화롭게 누릴 수 있다는 것을 뜻하니까. 독일 역시 제2차세계대전 중에 유럽 대부분을 점령한 다음에는 진심으로 평화를 원했기에 모든 저항 세력을 테러리스트로 몰아 잔인하게 제압했다는 데는 의심의 여지가 없다. ('식민화'라는 용어의 쓰임새로 말하자면 초기 시온주의자들이 한 세기 전 본인들의 노력을 설명하기 위해 썼다는 사실을 기억할 필요가 있다.)

이제 처음 출발한 지점으로 돌아갈 때다. 여기 피력된 이야기를 막 읽고 반유대주의적이라고 판단하는 사람이 있다면, 나는 그가 완전히 옳지 않을 뿐만 아니라 유대 전통의 가장 소중한 유산에 위협을 가한다고 생각한다.

진짜 반유대주의자와 그 시온주의적 협력자

"반유대주의적 시오니즘이라는 이 기괴한 형상의 출현, 곧 문명의 쇠락을 보여주는 이 가장 우려스러운 증표 중 하나는 정치적 기성 무대에서 신좌파가 성장하는 일에 대한 두려움이 커지는 상황과 연관성이 깊다."

⋮

폴란드에서 벌어진 의미심장한 사건은 영국의 코빈과 미국의 '민주적 사회주의자'를 반유대주의로 몰아서 반대하는 지속적 움직임을 새로운 관점에서 이해할 수 있게 해준다. 지난 2018년 1월 폴란드의 피스당(PiS, 법과정의당)은 제2차세계대전 시기 나치 범죄(홀로코스트)를 폴란드에 귀속시키면 징역 3년형에 처한다는 수정 조항을 승인했다. 피스당은 폴란드의 하원에 해당하는 세임(Sejm)을 장악한 포퓰리즘 성향의 극우 정당으로, 서구의 언론은 이러한 피스당의 결정을 대대적으로 보도했다.

이 수정 조항은 전 세계에 걸쳐 커다란 논란을 불러왔고 폴란드와 이스라엘의 긴장을 유발했다. 왜냐하면 이 조치는 폴란드에 강하게 배어 있는 반유대주의적 전통에 부합하는 것으로 간주되었기 때문이었다. 그래서 이 일은 그저 기독교 국수주의자와 그들의 '코스모폴리탄적' 유대인 반대자 사이의 기나긴 불목의 또 다른 양상에 불과한 것으로 보였다.

하지만 그런 뒤 거의 주목받지 못한 이 사태의 두 번째 막이 시작되었다. (나의 존경하는 폴란드 친구인 시에라코프스키[Sławomir Sierakowski—폴란드의 좌파 지식인]를 포함해 겨우 몇몇 논평자만 이 일을 다루었다.)[1] 같은 해 6월 말 갑자기 소집된 회의에서 세임은 즉시 효력을 갖는 또 다른 수정 조항을 서둘러 통과시켰다. 그 새로운 조항은 첫 번째 조항을 뒤집어서 이제 더는 폴란드 국민의 홀로코스트 책임을 거론하는 일이 처벌 대상이 아니라고 명시했다. 피스당의 이데올로기와 발을 맞춘 새 수정 조항은 영웅적으로 유대인을 도왔던 수많은 폴란드인의 존재를 강조했다. 따라서 속된 말로 피스당은 꿩 먹고 알 먹은 셈이 되었다. 그 조항에 담긴 메시지는 기본적으로 "그 일을 두고 왈가왈부할 것이 아무것도 없으니 뭐라고 써도 상관없다."는 것이었다.

이 일의 첫 번째 수수께끼는 폴란드 포퓰리스트와 이스라

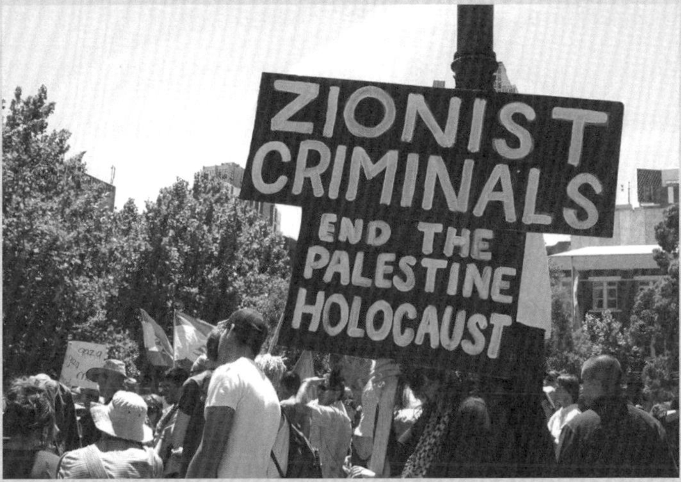

이스라엘 팔레스타인 가자지구 공격에 대한 저항 시위. (2009. 01. 04.)

이스라엘 총리 베냐민 네타냐후. 2009년 총리가 된 뒤로 10년이 넘게 집권했으며, 유대인 민족주의를 고수하며 팔레스타인에 대해 강경한 입장을 유지해왔다. 2020년 현재 부패 혐의로 재판 중이다.

엘 사이에 이러한 화해가 성립된 신비스러운 방식이다. 전체 협상 과정은 비밀리에 진행되었다. 이스라엘-폴란드의 관계는 각각 해당 국가의 정보기관을 통해 중재되었다. 그 자신이 포퓰리스트인 이스라엘 총리 네타냐후(Benjamin Netanyahu)는 동지적 관계인 포퓰리즘적 피스 정부와의 갈등을 적극적으로 해결하고자 했는데 유럽연합 내 이스라엘의 가장 충실한 동맹국을 소외시키고 싶지 않았기 때문이었다.

반유대주의 전통을 지닌 폴란드가 어떻게 이스라엘의 가장 충성스러운 동맹국이 될 수 있었을까? 여기서 폴란드 역시 예외가 아님을 알 수 있다. 미국에서 반유대주의적 극우의 지지를 받지만, 국제적으로는 미국 대사관을 예루살렘으로 이전하는 등 시온주의적 팽창주의를 확고하게 지원하는 도널드 트럼프와 네타냐후의 관계는 거론할 필요조차 없다. 네타냐후와 헝가리 총리 오르반(그의 피데스당[Fidesz]과 그 동맹국 또한 기독교-국수주의적 반유대주의에 물들어 있다.)의 관계 역시 그냥 화목한 사이 이상이다. 이 시온주의적 반유대주의의 극단적 변종은 반이민적 대량살상을 저지른 노르웨이의 브레이비크(Anders Breivik—노르웨이 극우 테러리스트. 노동자 집회에 자동차 폭탄을 폭파하고 군중에게 총기를 난사했다.)가 설파했다. 그는 반유대주의적이었지만 이스라엘을 지지했는데 그가 보기에 이스라엘 국가는 무슬림의 팽창을 저지하는 최초의 방어선이기 때문이었다. 심지어 그는 예루살렘 성전의 재건축을 보고 싶다고도 했다. 요컨대 너무 많지만 않으면 유대인도 괜찮다는 것이다. 혹은 자신의 선언문에 적시했듯이, "(영국과 프랑스를 제외한) 서유럽에는 오직 백만 명의 유대인만이 존재하고, 그중 팔십만 명이 프랑스와 영국에 살기 때문에 아무런 유대인 문제가 없다. 반면 미국에는 유럽의 여섯 배에 달하는 육백만 명이 넘는 유대인이 거주하기에 실제로 엄청난 유대인 문제가 존재한다."* 그의 면모야말로 시온주의적 반유대주의의 궁극적 역설을 구현한다.

정말로 기운이 빠지는 사실은 네타냐후와 그의 추종자들이 이런 경향의 동맹군으로 행동한다는 것이다. 이는 이스라엘이 이집트와 사우디아라비아의 동맹국으로서 중동의 또 다른 근본주의 국가로 변해가고 있다는 명백한 증표 중 하나이다. 또 다른 증표는 대놓고 인종분리(아파르트헤이트)를 명문화하여 비유대인을 이등 시민으로 전락시킨 시민권 관련 이스라엘의 새 법령이다. 반유대주의적 시오니즘이라는 이 기괴한 형상의 출현, 곧 문명의 쇠락을 보여주는 이 가장 우려스러운 증표 중 하나는 정치적 기성 무대에서 신좌파가 성장하는 일에 대한 두려움이 커지는 상황과 연관성이 깊다. 반유대주의라는 혐의는 이제 허용

* 1,500쪽에 달하는 브레이비크의 선언문 〈매니페스토 2083: 유럽독립선언서(Manifesto 2083: A European Declaration of Independence)〉에 대한 분석은 다음을 참조. 〈브레이비크 매니페스토 디테일의 오싹한 공격 준비('Breivik manifesto' details chilling attack preparation)〉, 2011. 07. 24. https://www.bbc.com/news/world-europe-14267007 (2020. 11. 20. 마지막 접속)

가능한 좌파 자유주의 기득권을 벗어나는 모든 좌파를 향해 퍼부어진다.

앞서 말했듯이, 최근에 이르기까지도 '반유대주의'라는 딱지는 이스라엘 국가와 팔레스타인 사람을 겨냥한 이스라엘의 국가적 조치를 비판하는 경우에 적용되었다. 이제는 영국의 코빈에서 미국의 오카시오-코르테스에 이르기까지 '너무 급진적'이라고 여겨지는 좌파를 몰아내기 위해 동원된다.

유럽에서 우리는 실질적인 반유대주의의 발흥을 목격하고 있다. 예컨대 말뫼(Malmö —스웨덴 제3의 도시. 이민자를 비롯한 하층 불만 세력의 반유대주의 테러가 급증했다.)에서 호전적인 무슬림계 소수자가 괴롭히는 바람에 유대인은 그들의 전통 의상을 걸치고 길을 걷는 일에 두려움을 느끼게 되었다. 이러한 현상은 분명하게 그리고 단호하게 배격되어야만 한다. 반유대주의에 반대하는 투쟁과 이슬람혐오에 대항한 싸움은 동일한 투쟁의 두 측면으로 보아야만 한다.

오늘날에는 반유대주의가 좌파적이라는 주장이 종종 나온다. 이러한 몰이해에 반대하여 우리는 오늘날의 반유대주의가 포퓰리즘이라고 강조해야만 한다. 포퓰리즘은 언제나 국민의 화합을 위협하는 외부의 적을 필요로 한다. 그게 유대인이든 이주민이든 혹은 둘이 합쳐진 것이든 상관하지 않는다. 진정한 좌파는 결코 반유대적이지 않다. 만일 그렇다면, 이는 좌파의 핵심 가치를 배반했다는 것을 뜻할 뿐이다. 여기서 오래된 농담의 기지가 온전히 발휘된다. "내 약혼자는 데이트에 늦는 법이 없어요. 왜냐면 늦게 오는 순간 더는 내 약혼자가 아니기 때문이죠." 여기서 '약혼자'를 '좌파'로, '늦게'를 '반유대주의'로 바꿔보라.

폴란드의 추모법(memory law)을 비난하는 이스라엘 내부의 압력이 시온주의적 근본주의자로부터 나오지 않았다는 사실을 알고 놀라서는 안 된다. 그 일을 추진한 것은 이스라엘의 반근본주의적 반대파였다. 네타냐후는 다른 선택의 여지가 없었기에 그저 그 흐름에 동참했을 뿐이다. 새로운 정치적 분열선은 따라서 유대인 자신으로부터 등장하고 있다. 반유대주의적 시온주의자들과, 유대인의 해방적 유산 자체를 수호하려고 호전적 시오니즘 및 반유대주의에 맞서 싸우는 사람들의 대립이다. 후자가 우리의 동맹자가 되어야 하며, 그들이야말로 가짜 구분선이 판치는 오늘날의 혼란한 시대에 몇 안 되는 희망의 불빛 가운데 하나이다.

1. 스와보미르 시에라코프스키, 〈폴란드는 어린애 같은 상태〉. Sławomir Sierakowski, "Poland's Child-Like State", Project Syndicate, 2018. 03. 21. https://www.project-syndicate.org/commentary/poland-pis-memory-law-by-slawomir-sierakowski-2018-03?barrier=accesspaylog (2020. 11. 20. 마지막 접속)

지붕이 새면 어떻게 해야 하나?

"현대의 가장 중요한 사실은 지구가 태양 주위를 돌고 있다는 것이 아니라 돈이 지구를 돌고 있다는 점이다. 자본주의의 전 지구적 확장 범위는 전체 지구에 걸친 근본적 계급 분리를 도입하는 방식에 토대를 두고 있으며 그 영역 내에서 보호받는 사람과 그 보호막 바깥의 사람을 분리하고 있다. 난민의 행렬은 그 지붕 바깥 난폭한 세계의 존재를 일시적으로 상기시킨다."

⋮

온두라스를 탈출한 난민 무리가 멕시코를 거쳐 미국을 향했다. 아프리카 난민은 방책을 부수고 아프리카 북단의 작은 스페인 영토(세우타)로 진입했다. 숫자는 비록 상대적으로 소수지

미국으로 가는 트럭에 올라타려는 온두라스 난민들. (2018. 11. 08.)

만 그들은 하나의 기본적인 지정학적 사실을 드러내 준다.

《자본의 세계 내부에서(In the World Interior of Capital)》라는 책에서 독일 철학자 슬로터다이크는 오늘의 전 지구화 상황에서 어떻게 자본주의 시스템이 삶의 모든 조건을 결정하게 되었는지 증명한다. 이러한 전개의 첫 번째 징후는 1851년 세계 최초로 박람회가 열린 장소인 런던의 크리스털 팰리스였다. 이곳의 구조는 전 지구화가, 경계를 드러내지 않지만 외부에서 거의 들여다볼 수 없는 세계 내부의 건설과 확장이라는 사실을 명확하게 드러냈다. 그 내부에는 현재 전 지구화의 혜택을 누리는 15억 명의 사람이 살고 있으며 그 세 배가 넘는 사람이 문밖에 버려져 있다. 그 결과 "자본의 세계 내부는 열린 하늘 밑에 펼쳐진 광장이나 무역 박람회가 아니라 한때는 바깥에 존재했던 모든 것을 내부로 끌어들인 하나의 온실이다." 자본주의적 잉여로 건설된 이 내부는 모든 사항을 결정한다. "현대의 가장 중요한 사실은 지구가 태양 주위를 돌고 있다는 것이 아니라 돈이 지구를 돌고 있다는 점이다." 세계를 지구체로 탈바꿈한 과정이 끝난 뒤에 사회적 삶은 확장된 내부, 즉 국지적이고 인공적으로 기후 조절된 내적 공간에서만 가능해질 것이다.*

슬로터다이크가 정확하게 지적한 것은 자본주의적 전 지구

* 페터 슬로터다이크, 《자본의 세계 내부에서》. Peter Sloterdijk, *In the World Interior of Capital*, London: Polity, 2014, pp. 12, 46, 171.

화는 개방성과 정복만을 표방하지 않고 외부와 내부를 분리하는 자기 폐쇄적 지구체도 상징한다는 점이다. 두 가지 측면이 뗄 수 없이 결합되어 있다. 자본주의의 전 지구적 확장 범위는 전체 지구에 걸친 근본적 계급 분리를 도입하는 방식에 토대를 두고 있으며 그 영역 내에서 보호받는 사람과 그 보호막 바깥의 사람을 분리하고 있다.* 난민의 행렬은 그 지붕 바깥 난폭한 세계의 존재를 일시적으로 상기시킨다. 우리 같은 내부인에게 난민의 세계는 멀리 떨어진 혼란한 국가에 관한 텔레비전 보도에나 등장하며, 우리 현실의 일부가 아니라 그 현실을 침범하는 세력으로 그려진다. 우리의 윤리-정치적 의무는 그 지붕 바깥의 현실을 깨닫는 데만 있지 않고, 그 지붕 밖의 끔찍한 현실에 공동의 책임을 충분히 떠맡는 일에도 존재한다.

사우디 출신의 반체제 언론인 자말 카슈끄지(Jamal Khashoggi—〈워싱턴 포스트〉 기자. 2018년 10월 이스탄불의 사우디아라비아 대사관에서 살해되었다. 사우디 정부의 요원에게 고문, 살해된 정황이 드러났다.)의 잔혹한 살해를 둘러싼 반응의 위선적 태도는 이 지붕이 어떻게 작동하는지 보여주는 탁월한 사례를 제공한다. 좀 더 넓은 의미에서 보면, 그는 지붕 내에 편안히 자리 잡은 우리와 같은 존재 중 하나였기에 우리는 충격을 받고 분노하였다. 그러나 우리의 근심은 우스꽝스럽게도 번지수를 잘못 찾았다. 진짜 스캔들은 사우

* 슬라보예 지젝, 앞의 책, 33~34쪽.

디아라비아가 예멘이라는 나라 전체를 파괴하고 있음에도, 이스탄불 살인 사건이 훨씬 더 커다란 추문을 불러일으켰다는 사실이다. 추측건대 살해를 교사함으로써 사우디의 모하메드 살만(Mohammed Salman)은 스탈린의 교훈을 망각한 셈이다. 한 사람을 살해하면 범죄자가 되지만, 수천 명을 살해하면 영웅이 된다. 그러니 살만은 차라리 예멘에 있는 수천 명의 사람을 살해했어야만 한다.

자, 레닌의 물음으로 돌아가 묻자. 무엇을 할 것인가?

첫 번째이자 서글프게도 지배적인 대응은 몸을 사리고 자가 봉쇄하는 것이다. 바깥의 세상은 엉망진창이니까 되는대로 벽을 쌓아서 스스로 보호하자. 앞서 말했듯이 새로운 세계 질서로는 '문명충돌'을 막을 대안이 문명의 평화적 공존뿐이다. 다른 측면에서는 세계시장에 완전히 포함된 다른 나라에 국한된 일이라면 강요된 결혼이나 동성애 혐오, 여성이 공개된 장소에 혼자 나서는 것이 강간을 부추긴다는 관념은 문제될 게 없다. 이제 막 출현하는 새로운 세계 질서는 따라서 더는 후쿠야마식 전지구적 자유민주주의라는 신세계 질서가 아니라 서로 다른 정치신학적 생활방식의 평화적 공존이라는 질서이다. 후쿠야마식 자유-민주주의적 보편주의는 자체의 내재적 한계와 비일관성으로 인해 실패했다. 포퓰리즘은 바로 이 실패의 증상, 그 실패의 헌팅턴식 질병이다. 그러나 좌파가 되었든 우파가 되었든 해법은 포퓰리즘적 민족주의가 아니다. 유일한 해결책은 새로운 보편주의다. 환경의 위협부터 난민 위기에 이르기까지 인류가 현재 직면하고 있는 문제가 이 보편주의를 요구한다.

두 번째 대응은 빌 게이츠나 조지 소로스(George Soros—헝가리 출신의 미국계 투자가)같이 사회적으로 책임을 떠맡는 기업가적 인물에 구현된 인간의 얼굴을 한 전 지구적 자본주의다. 그러나 이 반응의 가장 극단적 형태—난민에게 국경을 개방하고, 그들을 우리와 같은 존재로 대하는—도, 의료 분야에서 증상 치료라고 불리는 것을 제공하는 데 그친다는 문제가 있다. 이러한 방식의 질병 치유는 기본적인 지구적 상황을 그대로 방치하고, 원인이 아니라 증상에만 영향을 미친다. 그러한 치료법은 병든 사람의 안락과 복지를 위해 징후와 증상을 감소하는 데 목적이 있다. 이번 경우엔 이런 치료로 절대 충분치 않다. 세상의 모든 빼앗긴 자들이 지붕 아래 안식처로 옮겨갈 수 있는 해법이 아님이 명백하기 때문이다. 우리는 대지**의** 저주받은 사람에 집중된 인도주의적 관심을 저주받은 대지 **자체**로 옮길 필요가 있다.

세 번째 대응은 용기를 내어 우리가 하나의 세계에 산다는 사실이 주는 결과를 완전히 떠안을 때 스스로 모습을 드러내는 급진적 변화를 구상하는 것이다. '인류세'는 지구 생명이 맞은 새로운 시기이다. 지구는 더는 인간의 생산적 활동 결과를 전부 흡수하는 저수지가 아니다. 더는 우리의 생산성이 초래한 부작용, 그 부수적 피해를 무시할 수 없게 되었다. 자연을 더는 인간 존재의 배경으로 환원할 수 없다. 앞서 말했듯이 인류가 지구호라는 한 우주선에 살고 있다는 사실을 충분히 받아들일 때 우리에게 긴급하게 제기되는 임무는, 문명 자체를 문명화하는 과제, 즉 모든 인간 공동체의 보편적 연대와 협력이다. 그러한 변화가 유토피아로 이끄는가? 아니다. 진짜 유토피아는 우리가 그러한 혁명 없이도 살아남을 수 있는 곳이다.

보스니아의 진짜 기적

"그들은 특히나 발칸 같은 지역에서 '비합리적' 종족 혐오가 어떻게 '합리적인' 경제적 관심사에 자리를 내어주지 못할 만큼 뿌리 깊게 흐르는지 침착하게 설명한다. 착취당하는 사람의 초국가적 연대는 절대로 일어나지 않을 기적이다. 글쎄, 그런데 메주고레의 성모 마리아 출현을 무색하게 만들 기적이 벌어졌다."

⋮

보스니아의 기적이라고? 이와 연관해서 가장 먼저 떠오르는 사건은 1981년 보스니아 메주고레에서 벌어진 성모 마리아의 출현이다. 이 사건은 수백만 명의 순례자를 그 지역으로 불러들였다. 그런데 2018년 보스니아의 세르비아계 지역(스릅스카 공화국) 수도 바냐루카에서 훨씬 장대하고 의미심장한 기적이 벌어졌다. 그리고 이 일은 속민(屬民) 구분을 망라해서 다른 보스니아 도시에서도 일어났다.

그 기적이 보스니아 선거(2018년 10월 5일)는 아니다. 이 선거는 으레 따라오는 모든 비정상적 사건과 함께 늘 그러했듯이 무관심과 무심함으로 점철되었고 속민적 경계선을 따라 국가의 삼각 분할—보스니아계, 세르비아계, 크로아티아계—을 확인해주었을 뿐이다. 세르비아계 지역은 점차 하나의 주권국가로 행세하고, 무슬림계 사라예보에서는 이슬람화가 진행 중이어서 레스토랑이나 술집에서 맥주 한 병 구하기가 점점 어려워진다. 널리 홍보된 관민협력(Public-Private Partnership)의 한 특수한 형태가 보스니아의 전역에서 성황 중이다. 지역의 정치적 엘리트는 반(半)합법적인 민간사업과 연루되어 있으며, 그들의 지배는 '적'에 대항한 속민적 실체—보스니아인, 세르비아인—의 수호자로 정당성을 얻는다. 가난이 도처에 만연하고 젊은이가 일거리를 찾아 대규모로 서구로 이민을 떠나는 그러한 상황에서 민족주의가 기승을 부리며 자신의 속민적 정체성을 지키려는 시도가 쉽사리 경제적 이슈를 집어삼킨다.

보스니아에서 우리가 지금 마주한 문제는 크로아티아에서 몇 년 전 벌어졌던 일이 가장 좋은 예시가 될 수 있다. 두 개의 민중 저항 집회가 있었다. 노동조합은 일반 사람도 대부분 피부로 느끼는 폭발적 실업과 가난에 대항하는 궐기를 요청했다. 우파 민족주의자는 소수의 세르비아계가 거주한다는 이유로 부코바르에서 키릴문자의 공식적 지위를 재도입하는 일에 저항하는 집회를 공표했다. 첫 번째 집회를 위해 이백여 명의 사람이 모였다. 반면 두 번째 집회에는 십만 명이 넘는 군중이 몰려왔다. 일반 사람에게는 키릴문자의 위협보다 궁핍이 더 일상적 일로 느껴졌겠지만, 노동조합은 사람들을 동원하는 데 실패했다.

지식층인 논객들은 이런 이야기를 두고, '우리의 목표가 국지적 민족주의를 물리치고, 민족적 지배 엘리트에게 조종되고 착취당하는 사람의 초국가적 연대를 이룩하는 일이 되어야 한다.'는 좌파의 주장을 냉소적으로 조롱하길 즐긴다. 그들은 특히나 발칸 같은 지역에서 '비합리적' 종족 혐오가 어떻게 '합리적인' 경제적 관심사에 자리를 내어주지 못할 만큼 뿌리 깊게 흐르는지 침착하게 설명한다. 착취당하는 사람의 초국가적 연대는 절대로 일어나지 않을 기적이다. 글쎄, 그런데 메주고레의 성모 마리아 출현을 무색하게 만들 기적이 벌어졌다.

한 젊은 세르비아계 보스니아 출신 해커인 데이비드 드라지에비치(David Dragicevic)는 2018년 3월 17일 밤부터 18일까지 잠적했는데, 그의 시체가 같은 해 3월 24일 바냐루카 근처에서 발견되었다. 심하게 손상된 시신이 분명하게 증명하듯이 그는 오래 지속된 잔인한 고문으로 인해 살해되었다. 3월 26일부

보스니아 바냐루카에 있는 데이비드 드라지에비치 추모 공간.

터 그의 부친 다포르가 "데이비드에게 정의를"이라는 표어 아래 조직한 저항 집회가 날마다 바냐루카의 중앙 광장에서 계속되었다. 경찰은 처음에는 데이비드의 죽음이 자살이라고 공표했으나, 대중의 압력이 있고 나서야 타살 사건으로 조사했다. 하지만 여전히 수사 결과는 나오지 않고 있다. 데이비드가 지배

분파의 부패와 다른 범죄 활동의 흔적을 발견했음이 분명했다. 그래서 그는 사라져야만 했다. 계속된 항위 시위에 수만 명이 참여했고 수십 대의 버스가 세르비아 공화국의 전 지역에서 바냐루카로 사람을 실어 나르는 엄청난 민중 집회로 분출되었다. 지배 분파는 공포에 빠져 허둥지둥 대응했다. 수천 명의 경찰이 거리를 통제했으며 도심 진입을 봉쇄했다.

그때 기적이 벌어진다. 예상 밖으로, 민족을 초월한 연대를 멋지게 드러내는 방식으로 무슬림이 다수를 차지하는 다른 보스니아의 도시에서도 유사한 집회가 생겨났다. 보스니아의 수도 사라예보에서는 수백 명이 자기 집단에서도 발생했던 비슷한 사건, 즉 2016년 2월 8일 밤부터 2월 9일까지 실종되었다가 고문의 흔적으로 시신이 손상되었음에도 제대로 수사된 적이 없었던 메미치(Dzenan Memic)의 죽음에 대해서도 진상규명을 요구했다. 바냐루카, 사라예보 등 보스니아 다른 도시의 저항 군중은 메시지를 주고받으며 종족의 구별을 초월한 연대를 강조했다. 왜냐하면 그들 모두가 부패한 관민협력 엘리트에 의해 지배당해온 동일한 운명을 지녔기 때문이었다. 마침내, 그들은 진정한 위협이 다른 속민 집단에서 오는 것이 아니라 자기 집단의 부패로부터 생겨나며 오직 공동의 행동을 통해서만 이 악성 종양을 제거할 수 있다는 사실을 온전히 깨닫게 되었다. 냉소적 현실주의자에게는 불가능하고 '상상할 수 없는' 일이 벌어진 것이다.

물론 우리는 그러한 폭발적 움직임에서 너무 많은 것을 기대해서는 안 된다. 경제적 궁핍에 대항해서 벌어진 이와 유사한 초민족적 운동이 아랍의 봄에 응답하듯 이미 몇 년 전에도 있었지만, 시나브로 유야무야되었다. 그러나 표면 아래서 불길이 계속 타오르고 있으며 이 불길은 보스니아의 유일한 희망의 등불이다. 그것은 에이브러햄 링컨의 오래된 명언의 진리를 재확인한다. "몇몇 사람은 늘 속일 수 있고, 모든 사람을 얼마간 속일 수도 있지만, 모든 사람을 항상 속일 수는 없다."

우파 포퓰리즘을 향한 좌파의 응답

"이 논리는 일반적으로 위대한 우파 지도자만이 좌파 세력과 역사적인 합의에 이를 수 있다는 사실과 모호하게도 유사하다. 오직 닉슨만이 중국과의 연계를 세우고 베트남과 평화를 마무리 지을 수 있으며, 오직 드골만이 알제리의 독립을 인정할 수 있다는 식이다. 좌파 지도자에게 그러한 행보는 자기 파괴적이었을 법하다. 오늘날 우리는 그 정반대의 사례도 갖고 있다. 오직 좌파주의적 시리자만이 그리스에서 긴축 조치를 시행할 수 있었다."

⋮

좌파 정치학의 변화무쌍함 중 가장 최근의 추세는 미투 운동의 이상한 변종이다. 좌파는 우파 포퓰리즘의 발흥에서 배울 필요가 있고, '우리 역시(#WeToo)' 포퓰리즘의 게임에 편승할 수 있다는 것이다. 우리는 좌파의 포퓰리즘이 기세를 얻고 있으며 먹히고 있다는 이야기를 거듭 듣게 된다. 그런데 어디서 어떻게 통한다는 말인가? 라틴아메리카에서 스페인의 포데모스(Podemos — '우리는 할 수 있다.'는 뜻의 스페인 좌파 정당)에 이르기까지 변종 미투 운동은 진지한 세력을 얻은 모든 곳에서 한계에 봉착했다.

코빈의 영국 노동당의 경우엔 그 정치학에 어떤 의미를 부여하더라도 포퓰리즘적이라고 부를 수는 없고, 진짜 시험이 기다리는 곳에서는 아직 세력을 얻지 못했다. 오늘날의 노동 정치학은, 나이절 패라지(Nigel Farage — 영국의 방송인. 브렉시트의 대변자)에서 보리스 존슨(Boris Johnson — 영국 보수당수. 현 영국 총리)에 이르는 우파의 포퓰리즘적 열정에 대항해서 정확히 합리적이고 실용적인 논증을 통해 승리한다. 몇몇 제안된 조치에 반대할 수 있지만, 논증의 기조는 항상 분명하다. 코빈만큼 열정의 분출에 휩쓸리지 않을 정치가를 상상할 수 있을까? (오해를 피하자면, 내가 보기엔 이 점이 바로 코빈의 위대함이다.)

이 사실 하나만으로도 냉철한 실용적-합리적 논증과 열정적 투쟁의 대립에 기대는 좌파의 포퓰리즘적 의존성은 문제가 된다. 물론 좌파 포퓰리스트는 이러한 대결에 한계가 있다고 주장할 터이다. 자신은 민주주의의 프레임을 준수하며 좌우의 적대는 모든 진영이 기본적인 민주주의의 규칙을 따르는 운동경기의 경쟁으로 변화되어야만 한다는 것이다. 그런데 만일 이 규칙이 더는 모든 참가자에게 받아들여지지 않는다면 어떻게 될까? 몇 년 전 난민 위기와 관련해서 나는 독일 일간지 〈쥐트도이체차이퉁(Süddeutsche Zeitung)〉의 독자가 제기한 질문에 답하고 있었다. 다른 무엇보다도 관심을 끌었던 건 바로 민주주의와 연관된 것, 그러나 우파 포퓰리즘적 편향이 가미된 물음이었다.

앙겔라 메르켈(Angela Merkel) 독일 연방 총리가 수십만 명의 난민을 독일에 수용하자고 한, 그 유명한 호소에서 그녀가 지닌 민주주의적 정당성은 무엇이었나? 무엇이 그녀에게 민주주의적 합의도 없이 독일인의 생활에 근본적 변화를 초래할 권리를 부여했는가? 물론 내 주장의 요지는 반이민자 포퓰리즘 옹호가 아니다. 민주주의적 정당성의 한계를 명확히 보자는 말이다.

난민에게 국경 전면 개방을 주장하는 사람에게도 이 말은 똑같이 해당한다. 우리의 민주주의는 국민국가적 민주주의인데, 그들은 자신의 주장이 민주주의의 중단에 해당한다는 것을 알고 있을까? 즉 국민들이 민주주의적으로 합의하지 않은 거대한 변화가 한 국가에 미치는 영향을 허용해야 하는 사안임을 알고 있을까? (물론 그들은 난민에게도 역시 투표할 권리가 부여되어야 한다고 답할 것이다. 그러나 이것은 당치도 않다. 왜냐하면 이는 난민이 한 국가의 정치 시스템에 동화되고 난 뒤에나 생길 수 있는 조치이기 때문이다.) 나는 얼마 전에 조지 소로스가 텔레비전에서 유럽이 백만여 명의 또 다른 난민을 받아들여야 한다는 생각을 지지하는 것을 본 기억이 있다. 그가 보여준 최선의 인도주의적 동기에도 하나의 측면이 내게는 불편했다. 억만장자인 그가 무슨 권리로 유럽의 해당 지역 사람이 그 일을 어떻게 받아들일지 묻지도 않은 채 그러한 대규모 인구이동을 부추겨도 된다고 보는 것일까?

유발 하라리(Yuval Harari)는 독일에서 이민자가 일으킨 지속적인 문제가 어떻게 우리를 이미 민주주의의 한계와 직면하게 했는지 지적한다. 독일인 다수가 반대표를 던지리라고 확신하면서 이민자에 관련된 국민투표를 요구하는 반이민자 포퓰리스트에 우리는 어떻게 대항할 것인가? 그렇다면 이민자에게도 투표권을 부여하는 것이 해결책이 될까? 그들 중 누구에게 부여할 것인가? 이미 독일에 상주하고 있는 사람에게… 아니면 독일에 가고 싶어 하는 사람에게? 이런 논증의 마지막까지 가면, 우리는 범세계적 선거라는 생각에 이르게 되는데, 이는 다음과 같은 단순하고 분명한 이유로 자충수이다.*

> 사람들은 대부분의 다른 유권자들과 공유하는 기본적 유대가 있을 때만 민주적 선거에 참여해야 한다고 느낀다. 다른 유권자들의 경험이 나와 이질적일 때, 그리고 그들이 내 감정을 이해하지 못하며 내 긴급한 관심사에 신경 쓰지 않는다고 믿게 되면 아무리 100대 1로 패한다 해도 나는

* 슬라보예 지젝, 앞의 책, 363~364쪽.

> 그 결정을 받아들일 하등의 이유가 없다. 민주적 선거는 대체로 공유된 종교적 신념이나 국가적 신화 같은 모종의 선천적인 공동의 유대가 있는 대중들 내에서만 작동한다. 그것들은 이미 기본 사항들에 합의를 이룬 사람들 사이에서 불일치를 해소하는 방법이다.[1]

이렇게 '기본 사항들을 둘러싼 이런 합의'가 흔들리게 되면, 대놓고 전쟁을 벌이지 않는 이상 우리가 할 수 있는 유일한 절차는 협상밖에 없다. (중동의 분쟁이 선거가 아니라 오직 전쟁이나 협상에 의해 해결될 수밖에 없는 이유가 여기 있다.) 협상은 그 정의상 '우리' 대 '그들'이라는 적대 논리의 극복을 뜻한다.

좌파 포퓰리즘이라는 전략

좌파 포퓰리스트에 따르면, 좌파가 패배하는 가장 큰 이유는 기든스, 벡, 하버마스 같은 고유 명사로 집약되는 합리적 논증과 생기 없는 이론적 보편주의라는 비전투적 태도 때문이다. 이 탈정치학적 제3의 길은 반이민적 우파 포퓰리스트가 성공적으로 동원한 '우리' 대 '그들' 간의 운동경기 식 논리에 효과적으로 맞서 싸울 수 없다.

따라서 이 우파 포퓰리즘과 싸울 수 있는 길은 기본적인 포퓰리즘적 장치—'우리' 대 '그들'의 운동경기 식 논리, 타락한 엘리트 대 '인민'의 대립—를 보유하면서도, 그것을 좌파적 내용으로 채울 수 있는 좌파 포퓰리즘에 호소하는 것이다. 여기서 '그들'은 가난한 난민이나 이민자가 아니라 금융자본, 기술지상주의적 국가 관료 등이 될 터이다. 이러한 좌파 포퓰리즘은 오래된 노동계급의 반자본주의를 넘어서서 스페인에서 포데모스가 하고 있는 것처럼 생태주의에서 페미니즘, 일할 권리에서 무상교육과 무상 건강보험 등에 이르는 다면적 투쟁을 함께 결집하려고 시도한다.

합리적 협상을 추구하는 실용적이고 냉정한 정치학을 거론해보자면, 우리는 무엇보다도 자유주의 이데올로기가, 그리고 그것의 자유주의-좌파적 변종 역시 '합리적'이지 않다는 점에 주목해야 한다. 자유주의는 **극단적으로** 대결을 선호하고, 그 이념을 받아들이지 않는 사람을 위험한 반민주주의적 이상주의자로 몰아 가차 없이 배제하며, 그 전문가적 식견은 가장 순수한 형태의 자유주의 이데올로기이다. 신자유주의 경제를 승인한 '제3의 길' 좌파의 문제는 과도하게 실용적이고 합리적인 면이 아니라 바로 진정으로 합리적이지 못한 측면이다. 이 입장은 상대편의 전제를 미리 승인해버리는 원칙 없는 실용주의로 점철되어 있다. 좌파의 정치학은 단지 대결의 열정만이 아니라 훨씬 더 진정으로 냉철한 합리성을 요구한다. 엄밀한 분석과 열정적 투쟁은 서로 배척하지 않을 뿐만 아니라 서로를 필요로 한다.

생기 없는 보편주의에 대항해서 제기된 편 가르기식 정치화와 열정적 대결이라는 대립 구도는 너무 형식적이다. 그리고 그 뒤에 숨겨진 커다란 질문을 무시한다. 왜 좌파는 수십 년 전에 '우리' 대 '그들'이라는 편 가르기식 논리를 폐기했을까? 자본주의의 심층적인 구조적 변화, 단순한 포퓰리즘적 동원방식으로는 대처할 수 없는 변화 때문이 아니었나?

좌파가 편가르기식 대결을 폐기한 이유는 그것이 자본주의와의 싸움에서 실패했기 때문이며, 자본주의의 전 지구적 패권을 받아들였기 때문이다. 피터 맨덜슨(Peter Mandelson—영국 노동당 정치가)이 말했듯, 경제에 있어서 우리 모두는 대처주의자(Thatcherites)이다. 따라서 좌파에게 남은 전략은 인권, 페미니즘, 반인종차별주의, 특히 다문화주의 같은 개별 투쟁의 복수성에 불과하다. 좌파 포퓰리즘의 이론적 시조인 라클라우(Ernesto Laclau)가 처음엔 블레어(Tony Blair—노동당수로 집권하여 신자유주의를 추구한 영국 총리)의 제3의 정치학을 계급 본질론으로부터의 해방이라고 열렬히 환영한 뒤, 나중에서야 비적대적 정치학의 형태라고 표적으로 삼았던 일은 흥미롭다.

포데모스는 의심의 여지 없이 포퓰리즘의 최고 형태를 표상한다. '자신들의 이해관계와 어긋나게 투표하기' 때문에 '멍청하다'고 여겨지는 일반 사람의 '편협함'을 경멸하는, 즉 정치적으로 올바른 지적 엘리트의 오만함에 반대하는 이 입장은 모든 전통적 좌파와 우파의 구별을 넘어서 '위로부터'의 인물에 반대하고 '아래로부터'의 사람에 귀 기울이며 그들을 조직하는 것을 조직의 원리로 삼는다. 해방적 정치학의 시작 지점은 미래의 공산주의든 어떤 종류의 사회든 추상적 비전이 아니라 지역의 생활 세계—거주 지역, 직장 등—에 사는 평범한 사람의 구체적인 고통과 불의의 경험이 되어야 한다는 이념인 것이다.

새로운 디지털 미디어는 새로운 공동체를 위한 공간을 열어놓은 듯하지만, 이 공동체와 옛 생활 세계 공동체에는 큰 차이가 있다. 이 오래된 공동체는 선택되는 것이 아니라 타고나는 것이며, 내 사회화의 영역 그 자체를 구성한다. 반면 새로운 디지털 공동체는 내 이해관계로 규정되고 따라서 내 선택에 좌우되는 특정한 영역으로 나를 이끌어간다. 하지만 오래된 '자연발생적' 공동체를 쓸모없이 만들기는커녕, 내 자유로운 선택에 좌우되지 않는다는 사실로 인해 이 공동체는 새로운 디지털 공동체보다 우위를 점한다. 왜냐하면 이 오래된 공동체는 선천적이고 선택되지 않은 생활 세계로 나를 밀어넣어서 내가 진짜 차이를 마주하고 대처하는 길을 배울 수 있게 해주기 때문이다. 반면, 내 선택에 좌우되는 새로운 디지털 공동체는 어떤 식으로든 공동의 삶에 선행하고 그 삶을 자유롭게 선택할 수 있는 개인이라는 이데올로기적 신화를 부추긴다. 물론 이러한 접근법은 분명 아주 중요한 핵심 진리를 품고 있지만, 투박하게 표현하자면, 라클라우가 즐겨 강조했듯이 거기에 사회가 존재하지 않을 뿐만 아니라 **'인민'도 존재하지 않는다**는 문제가 있다. 사회 조직체를 가로지르는 불일치를 추상적으로 이론화한 명제로 이 테제를 받아들여서는 안 된다. 이 진술은 매우 구체적이고 경험적이기까지 한 사실을 지칭한다. '인민'은 사회적 총체성을 가리키는 가짜 용어이다. 우리가 살고 있는 전 지구적 자본주의에서 총체성은 '추상적'이고 보이지 않으며, 그 총체성을 구체적 생활 세계에 뿌리내리게 할 방법은 없다. 다시 말해, 오늘날의 전 지구적 자본주의 우주에서 관습과 살아있는 연계와 연대의 형식을 갖춘 특정한 생활 세계의 구성원이 되는 '구체적 경험'은 **이미 '추상적인' 어떤 것**인데, 이 구체적이고 특정한 세계를 지배하고 규제하는 금융 및 사회적 과정의 촘촘한 네트워크를 이 특정한 경험이 삭제해버린다는 냉혹한 의미에서 그렇다.

포데모스가 언젠가 권력을 잡게 된다면 이 대목에서 문제에 봉착할 것이다. 포데모스는 자본의 권력을 제한하기 위해 표준적인 케인스주의의 요술상자를 넘어서는 어떤 특수한 경제 조치를 시행할 수 있을 것인가?

시리자와 포데모스의 차이

바로 여기에 그리스의 급진 좌파 정당 연합인 시리자(SYRIZA)와 포데모스의 차이가 존재한다. 시리자는 우리의 전 지구적 질서의 실재(the Real)를 건드렸고, 자본의 지배를 위협했다. 그 때문에 가차 없이 모욕을 당해야만 했다. 시리자의 영웅주의는 민주주의적 정치의 싸움에서 승리한 다음 자본 재생산의 원활한 흐름을 교란하는 데까지 한 걸음 더 나아가길 무릅썼다는 점이다. 그리스 위기의 교훈은 아무리 상징적 허구라 하더라도 자본이 우리의 실재라는 것이다. 다시 말해, 오늘날의 저항과 봉기는 서로 다른 층위의 조합과 중첩에 뒷받침되며, 이 조합이 그 저항의 위력을 나타낸다. 이들은 권위주의적 체제에 대항하고, 인종차별과 성차별에 대항하며, 특히 이민자와 난민을 겨냥한 혐오에 맞서 ('정상적' 의회주의적) 민주주의를 위해 투쟁한다. 또한 신자유주의에 반대하고 환경을 오염시키는 기업 같은 정치와 경제의 타락에 맞서 복지국가를 지향하며, 다자가 형식적으로 참여하는 의례를 넘어서는 새로운 형태의 민주주의를 위해 투쟁한다. 그리고 궁극적으로는 전 지구적 자본주의 시스템 자체를 의문시하며 비자본주의적 사회라는 이념이 살아 숨 쉬도록 애쓴다.

여기서 두 가지 함정을 피해야만 한다. "진짜 관건은 자유주의적-의회주의적 자본주의를 폐기하는 것이고 다른 모든 투쟁은 부차적이다."(사이비 급진주의)와 "우리는 군사독재에 맞서 민주주의를 위한 싸움을 하는 것이니까 사회주의적 꿈은 잊어버려라, 나중에는 혹시 모르겠지만."(사이비 점진주의)을 피해야 한다. 우리가 하나의 특정한 투쟁에 대처해야 한다면, 핵심이 되는 질문은 이것이다. 과연 그 투쟁에의 참여나 단절은 다른 싸움에 어떤 영향을 줄 것인가? 일반적 규칙으로 보면, 억압적 반(half)민주체제와 싸움을 벌일 때 2011년 중동의 사례가 그러했듯이 부패 반대, 민주주의 수호 같이 군중을 만족시킬 수밖에 없는 구호를 통해 대규모 군중을 쉽게 동원할 수 있다. 그러나 그러고 나면 차차 우리는 더 어려운 선택에 직면하게 된다. 우리의 반란이 당면한 목표를 달성하게 되면 진짜로 우리를 괴롭혔던 것—부자유, 모욕, 사회 부패, 품위 있는 삶의 전망 부재—이 새로운 모습으로 지속된다는 점을 깨닫게 된다. 이집트에서 시위대는 억압적인 무바라크체제를 제거하는 데 성공했지만, 부패는 그대로였고, 품위 있는 삶을 향한 전망은 훨씬 더 멀어졌다. 권위주의적 체제를 전복시키고 나면 가난한 사람을 위한 가부장적 온정의 마지막 흔적마저 무너질 수 있고, 새로 얻는 자유는 실질적으로 본인이 원하는 형태로 자신의 불행을 선택할 자유로 축소된다. 대다수가 가난한 상태에 그대로 머물 뿐만 아니라 설상가상으로 일단 자유로워진 이상 가난은 스스로의 책임이라는 이야기까지 듣는다. 이러한 곤경에 처하여 우리는 목표 자체에 결함이 있었으며, 목표가 충분히 구체적이지 못했음을 인정할 수밖에 없다. 표준적인 정치적 민주주의는 또한 비자유의 형식 그 자체로도 기능할 수 있다. 정치적 자유는 쉽사리 경제적 노예제, 즉 특권을 박탈당한 '자유로운' 사람이 예속에 스스로 팔아버리는 시스템을 위한 법적 프레임을 제공할 수 있다. 따라서 단순한 정치적 민주주의 이상의 것을 요구하는 일에 나서게 된다. 우리는 애초에 민주주의적 자유라는 고귀한 원칙을 충분히 실현하는 데 실패했다고 여겼던 것이 이 원칙 자체에 내재한 실패라는 점을 받아들여야만 한다. 이 점을 이해하는 일은 정치적 페다고지를 향해 내딛는 큰 발걸음이다.

2015년 7월 그리스의 위기가 거쳐 갔던 두 번의 유턴은 비극에서 희극으로의 진행이었을 뿐만 아니라 쿠벨라키스(Stathis Kouvelakis — 좌파 연대 주요 이론가)가 지적했듯이 희극적 반전 요소로 가득한 비극이 곧장 부조리극으로 치달아버린 모습으로 나타나지 않을 수 없었다.* 가장 사변적인 헤겔주의 철학자조차 어리둥절하게 만든, 양극단을 오간 그 엄청난 반전을 특징지을 수 있는 다른 방법이 있을까? 모욕에 모욕이 꼬리를 물었던 유럽연합 집행부와의 끝없는 협상에 지쳐, 시리자 정부는 7월 5일 일요일에 국민투표를 요구하면서 그리스 국민에게 새로운 긴축 정책이 포함된 유럽연합의 제안을 받아들일 것인지 거부할 것인지 물었다. 정부 스스로는 반대편을 지지한다고 분명하게 표명했음에도, 투표의 결과는 정부에게도 충격이었다. 놀랍게도 과반수를 훨씬 상회하는 61퍼센트가 유럽연합의 협박에 반대를 표했다. 정부의 승리라고 할 이 투표의 결과가 속으로 정부의 패배를 바랐던 치프라스(Alexis Tsipras — 집권 시리자당의 리더이며 그리스 총리 역임) 본인에게는 좋지 않은 소식이었다는 소문이 돌기 시작했다. 정부의 패배는 치프라스가 유럽연합의 요구에 굴복한 자신의 체면을 세워줄 — "유권자의 목소리를 존중해야만

* 스타티스 쿠벨라키스, 〈시리자의 흥망성쇠〉. Stathis Kouvelakis, "Syriza's Rise and Fall", *NEW LEFT REVIEW*, 2016.
https://newleftreview.org/issues/II97/articles/stathis-kouvelakis-syriza-s-rise-and-fall (2020. 11. 20. 마지막 접속)

한다."—것이기 때문이었다. 그런데 말 그대로 바로 그다음 날, 치프라스는 그리스가 협상을 재개할 용의가 있다고 선언했으며, 그 며칠 후 유권자가 거부했던 것과 기본적으로 동일한—세부 사항에서는 더 가혹한—유럽연합의 제안을 놓고 협상했다. 요컨대, 그는 마치 정부가 국민투표에서 이긴 것이 아니라 패배했다는 듯이 행동했다.* 여기서 우리는 포퓰리즘의 진실, 즉 자본의 실재와 대결하는 일의 실패를 마주하게 된다. 최상의 포퓰리즘적 계기인 국민투표의 승리가 곧바로 항복문서로 탈바꿈되었다. 자본의 질서에 대해서 무기력함을 인정한 것이다. 심오한 필요성이라는 표현보다 이 반전을 더 손쉽게 드러내는 것은 없다.

좌파 포퓰리즘의 함정

라클라우는 포퓰리즘에 내재하는 적수의 형상을 구성해볼 필요가 있다고 주장한 적이 있다. 그 적수는 포퓰리즘의 약점이 아니라 강점의 근원이라는 것이다. 좌파 포퓰리즘은 매우 다른 적의 형상, 즉 위협적인 인종적 타자—이민자, 유대인, 무슬림—가 아니라 금융 엘리트, 근본주의자, 진보 진영의 다른 '용의자들'을 적으로 만들어야만 한다. 적을 구성하라는 강한 추동은 포퓰리즘의 또 다른 치명적 한계이다. 오늘날 궁극의 '적'은

* 슬라보예 지젝, 앞의 책, 113~114쪽.

구체적인 사회적 행위자가 아니라 어떤 의미에서 시스템 그 자체, 행위자로 쉽사리 귀속할 수 없는 시스템의 어떤 작동 양상이다. 몇 년 전, 바디우는 우리가 자본주의와 싸우는 것이 아니라 그 구체적 행위자와 싸우는 것이라고 썼지만, 진짜 목표물이 자본주의인 이상 거기에 문제가 존재한다. 현재는 그 적이 신파시즘적이고 반이민주의적인 국수주의 혹은 미국의 트럼프라고 말하기 쉽다. 그러나 트럼프의 인기는 궁극적으로 자유주의적 민주주의의 합의가 실패한 결과다. 따라서 비록 자유민주주의 '반파시즘' 연합의 새로운 형태를 배제해서는 안 되겠지만, 이 합의 자체야말로 혁신의 **대상이다**.

구체적인 적에 초점을 맞추고 있기에 좌파 포퓰리스트는 전 지구적 자본주의에 맞선 방어의 일환으로 국가 주권, 강력한 국민국가의 역할에 특권을 부여한다. (심지어 독일의 전후부흥 'Auferstanden aus Ruinen'조차 기본적으로 이 노선을 따른다.) 이런 방식으로 그들 대부분은 자신의 투쟁을 국제 금융자본에 대항한 방어로 표상하면서 말 그대로 포퓰리즘뿐만 아니라 국수주의도 승인한다. 미국의 몇몇 좌파 포퓰리스트는 이미 '국가사회주의(national socialism)'라는 용어를 쓰고 있다.[2] 물론 이들이 숨어 있는 나치주의자라고 주장하는 것은 어리석고 부당한 일이겠지만, 그럼에도 우리는 국제주의가 모든 근본적 해방의 프로젝트에서 핵심 요소라고 주장해야만 한다. 바루파키스(Yanis Varoufakis—그리스의 경제학자. 재무장관 역임)의 디엠(DIEM25: Democracy in Europe Movement

2025—국가주의 대신 범유럽적 민주주의를 추진하자는 운동)에 대항해서 우리가 어떠한 비판적 언급을 하더라도, 디엠은 적어도 전 지구적 자본에 대항하는 저항이 그 자체로 전 지구적이어야 함을, 새로운 형태의 보편주의여야 함을 분명히 인지한다.

적은 분명코 존재하기에 음모라는 주제를 단순히 일축해버려서는 안 된다. 몇 해 전, 프레드릭 제임슨(Fredric Jameson)은 오늘날의 전 지구적 자본주의에서는 어떤 정체불명의 '자본의 논리'를 근거로 들어 설명할 수 없는 일이 생겨난다고 알기 쉽게 설명했다. 예컨대, 2008년의 금융 붕괴가 몇몇 금융 집단의 잘짜인 '음모'의 결과였다는 사실을 우리는 지금 알고 있다. 그러나 사회 분석의 진정한 임무는 여전히 어떻게 현대의 자본주의가 그러한 '음모론적' 개입을 허용하는 공간을 열어놓는지 해명하는 일이다. 이는 또한 '탐욕'을 거론하고 자본주의자에게 사회적 연대와 책임을 보이라고 촉구하는 일이 얼마나 허망한 일인지 설명해준다. '탐욕'(이윤추구)이야말로 자본주의적 팽창을 이끌어내는 기제이고, 자본주의의 모든 것은 개별적 탐욕에서 나오는 행동이 공공선에 이바지할 것이라는 사실에 달려 있다. 따라서 다시 한번 강조하자면, 개인의 탐욕에 초점을 맞춰 점증하는 불평등을 도덕주의적 측면에서 접근하기보다 더는 '탐욕적' 행위를 허용하거나 심지어 부추기는 일이 없게 시스템을 바꾸는 일이 우리의 임무이다.

우리가 직면한 문제를 가장 잘 보여주는 사례가 앞서 거론한 크로아티아 사태이다. 크로아티아에서 같은 날 벌어졌던 노동조합 집회와 민족주의 집회 가운데 십만 명이 넘는 군중을 모은 것은 후자였다. 노동조합 집회는 몇백 명밖에 모으지 못했다. 우리는 어떤 형태의 초강력 주이상스(jouissance)*의 경제가 자신의 '삶의 방식'을 확인하는 일에 작용한다는 사실, 상징적으로 재발화하기가 아주 어려운 실재의 어떤 핵심이 여기에 작용한다는 사실을 받아들여야만 한다. 제1차세계대전의 발발을 두고 사회민주주의자가 보인 애국주의적 반응에 레닌이 받았던 충격을 떠올려보자. 사람은 자신의 삶의 방식을 위해 기꺼이 고통을 감내하려고 한다. '동화'될 준비가 되지 않은 오늘의 난민까지도 그러하다. 요컨대, 두 개의 실재가 존재한다. 자본이라는 실재와 속민적 정체성이라는 실재. 이 둘은 상징적 헤게모니의 유동하는 요소로 분해되지 않는다.

하나의 명쾌한 사례를 허구적으로 상상해보자. 대다수 유권자가 반이민적 포퓰리즘의 선전에 놀아나서 난민에게 국경을 봉쇄하는 투표를 하기로 결정함으로써 이미 그 나라에 거주하고 있는 난민의 삶을 더 힘들게 만드는 한 민주주의국가가 있다고 치자. 그리고 그러한 선전에도 유권자가 국민투표에서 난민과의 연대 및 구호의 의지를 표명한 한 나라가 있다고 치자. 이

* 라캉의 조어로 고통을 수반하는 쾌락을 가리킨다.

둘의 차이는 그저 객관적인 것이 아니다. 즉 단지 한 경우에는 유권자가 반동적이고 인종차별적 선택을 하고 다른 경우에는 연대라는 올바른 선택을 한 것에 불과하지 않다. 이 차이는 또한 '주관적'인데 서로 다른 종류의 정치적 정념이 두 사례의 각각에 작용하고 있다는 의미에서 그러하다. 그러나 첫 번째 사례에는 그들이 아무리 진지하게 확신하는 것처럼 보이더라도 자신이 하는 일이 '수치스러운' 행위임을 '마음속 깊은 곳에서는' 어떤 식으로든 알고 있다고 가정하는 데 주저하지 말아야 한다. 그들의 모든 열띤 합리화는 그저 자신의 편치 않은 감정을 감추는 일이다. 두 번째 행위의 경우, 사람들은 항상 어떤 식으로든 자신들의 행위가 지닌 해방적 효과를 깨닫고 있다. 자신들의 행위가 위험하고 정신 나간 것이라고 하더라도 그들은 진짜 돌파구를 찾게 된다. 두 행위는 모두 어떤 의미에서 불가능한 것을 행하는 일이지만, 전혀 다른 방식으로 그렇게 한다.

첫 번째의 경우, 공공의 장이 파괴되고 윤리적 기준이 낮아진다. 그때까지 공공영역에서 받아들여질 수 없는 사적이고 추한 소문의 문제였던 것이 공공연하게 떠들 수 있는 화제가 되어버린다. 우리는 대놓고 인종차별주의자, 성차별주의자가 될 수 있고, 혐오를 설교하고 피해망상을 퍼뜨린다. 오늘날 그러한 '해방'의 범례는 물론 트럼프로서 "다른 사람이 생각만 하는 것을 대놓고 떠든다."라고 전해진다. 두 번째의 경우, 우리 대부분은 자신이 사람을 더 신뢰하지 못했다는 사실에 수치심을 느낀다.

국민투표 전에 우리는 조용히 패배를 예상했는데, 유권자의 윤리적 태도가 우리를 놀라게 한다. 그러한 '기적'이 있는 삶은 살 만하다.

그런 '기적'을 가져오기 위한 기반을 어떻게 다져야 할까? 난민과 이민자의 권리를 위한 싸움에 '우리' 사람을 어떻게 끌어낼 것인가? 원칙적으로는 답하기 쉽다. 난민을 위한 싸움이 페미니즘 투쟁, 생태주의적 투쟁 등과 결합할 수 있는 새로운 이데올로기적 영역을 펼쳐놓기 위해 노력해야만 한다. 그렇지만 그렇게 쉬운 길은 순전히 수사적이며, 해체하기가 너무도 어려운 이데올로기적으로 결정된 '경험'과 충돌한다. 좀 더 심층적으로 보면 오늘날의 체제가 프로그램과 '실제 민중'이 한 구체적 경험의 직접적 연결을 허용하지 않는다는 사실에 문제가 있다. 고전 마르크스주의의 기본 전제에서는 프롤레타리아의 중심 역할을 통해 착취와 소외의 가장 구체적인 경험에서 울려 퍼지는 심오한 이론적 통찰을 발견하는 독특한 상황을 인류가 맞이한다.

오늘날과 같이 복잡한 상황에서도 이와 유사한 전략이 성사될 수 있을지 매우 의심스럽다. 좌파 포퓰리스트는 물론 이것이 바로 우리가 프롤레타리아라는 특권적 해방의 주체에 의존하는 마르크스주의적 태도를 버리고 어떠한 성공도 보장되지 않는 새로운 헤게모니적 '등가물들의 연쇄'를 건설할 장기적이고 어려운 과제에 매진해야 하는 이유라고 주장할 것이다. 하지만 페미니즘 투쟁과 자유를 위한 투쟁과 이민자의 권리를 위한 투쟁이 하나의 거대한 투쟁으로 결집되리라는 보장은 아무 데도 없다. 내가 강조하고 싶은 것은 이러한 해결책조차 너무 추상적이고 형식적이라는 사실이다. 좌파 포퓰리스트는 근심 어린 환자가 어떻게 해야 할지 물었을 때 "의사를 찾아가 봐요!"라고 답하는 한 의사의 모습을 연상하게 만든다. 진짜 문제는 형식적 절차, 즉 실용적인 통합의 추구냐 적대적인 대결이냐를 택하는 사안이 아니라 실질적 현안이다. 전 지구적 자본에 어떻게 반격할 것인가? 전 지구적 자본주의체제의 대안을 우리는 갖고 있는가? 오늘날 진정한 공산주의적 권력을 상상하는 일이 가능하기나 한가? 우리가 목격하는 것은 재앙(베네수엘라), 투항(그리스), 아니면 자본주의로의 질서 정연하고 완전한 퇴행(중국, 베트남)이다.

자, 여기서 포퓰리즘적 정념에 무슨 일이 벌어졌는가? 그 정념은 사라졌고 사라져야만 한다. 포퓰리즘이 힘을 얻게 될 때 가능한 선택을 이름으로 표현해보면 마두로(Nicholas Maduro — 노동자 출신의 베네수엘라 좌파 대통령)나 덩샤오핑*이다. 전자가 진짜 포퓰리즘에서 사회적 부패를 동반한 권위주의적 변종으로의 이행이라면, 후자는 권위주의적 자본주의의 정상화, 유교주의로의 이데올로기적 복귀다. 포퓰리즘은 비상 상태에서 잘 작동하며, 그 정의상 영속할 수 없다. 그것은 외부 적의 형상을 필요로

* 이에 대해서는 214쪽 '중국은 공산주의인가 자본주의인가?'를 참조.

한다. 차티즘(Chartism—1830년대 영국 노동자의 참정권 확대 운동)을 왜 포퓰리즘으로 간주해야 하는지 라클라우 자신이 엄밀하게 분석한 것을 인용해보자.

> 차티즘의 지배적 관심사는 사회의 해악들을 경제시스템에 내재하는 어떤 것에 귀속시키는 일이 아니라 그 정반대다. 정치적 권력을 통제하고 있으며 기생적이고 투기를 일삼는 집단, 코벳의 말로 하면 '낡은 부패'가 행하는 권력의 남용에 귀착시킨다…. 이런 이유로 인해 가장 강렬하게 선택된 지배계급의 특징은 게으름과 기생성이었다.[3]

다시 말해, 포퓰리스트에게 문제의 근원은 궁극적으로 시스템 그 자체가 아니라 그 체제를 타락시킨 침입자—자본가 그 자체가 아니라 금융 사기꾼—이다. 구조 그 자체에 새겨져 있는 치명적 오류가 아니라 구조 내에서 제대로 기능하지 못하는 요소이다. 그와 반대로 마르크스주의자에게는 프로이트주의자에서처럼, 병리적인 것—어떤 요소의 일탈적 비행들—이 정상적인 것의 증상, 즉 '병리적인' 폭발로 인해 위협받는 구조 자체의 문제점을 나타내주는 지표이다. 마르크스에게, 경제적 위기는 자본주의의 '정상적' 기능을 이해할 수 있는 열쇠이다. 프로이트에게 신경증적 발작 같은 병리적 현상은 '정상적' 주체의 구성 및 그 기능을 뒷받침하는 숨은 적대관계를 해명하는 열쇠를 제공한다. 포퓰리즘이 국수주의적인 경향을 띠고 외부의 적에 대항하는 인민의 통합을 요구하는 이유가 여기에 있다. 반면 마르크스주의는 각 공동체를 가로지르는 내적 분열에 초점을 맞추어 국제적 연대를 요청한다. 왜냐하면 이 분열이 우리 모두를 가로지르기 때문이다.

인정해야만 하는 엄연한 사실은 '평범한 사람들'이 '알지' 못한다는 것, 그들이 아무런 진정한 통찰이나 경험을 갖고 있지 못하다는 것, 다른 모든 사람처럼 그들도 적잖이 혼란스러워하고 방향을 잃는다는 것이다. 강연을 마친 뒤 이어진 논쟁에서 포데모스를 지지하는 사람과 짤막한 의견을 나눈 기억이 있다. 그는 포데모스의 요구들—부패한 권력 구조의 제거, 민중의 실제 이해관계와 근심거리에 뿌리를 둔 진정한 민주주의—이 어떻게 사회를 재조직할 것인가에 관해 아무런 뚜렷한 생각이 없다는 내 입장을 반박했다. 그의 응답은, "하지만 그건 비판이 아니에요. 왜냐하면 포데모스가 원하는 것은 다른 시스템이 아니라 바로 그것이 주장하는 바 그대로를 실현하는 민주주의적 시스템을 만드는 것이기 때문이죠."였다. 요컨대 포데모스는 증상이 없는 현존 시스템을 원했던 것인데, 이에 대해 우리는 그렇게 시작하는 것은 괜찮지만 그러고 나면 언젠가는 그 증상—부패, 실패 등등—이 시스템의 일부이며 따라서 증상을 제거하기 위해서는 시스템 그 자체를 바꾸어야만 한다는 것을 깨닫는 순간이 올 것이라고 반박할 필요가 있다.

급진적 정치학의 마지막 유형은 파국을 기다리는 것이다. 나의 많은 급진적 친구는 사적으로는 오직 거대한 생태주의적 파국, 경제적 붕괴, 혹은 전쟁만이 사람으로 하여금 근본적 변화를 위해 노력하게 할 것이라고 내게 말한다. 이렇게 파국을 기다리는 태도야말로 이미 하나의 파국이자, 완전한 패배의 인정은 아닐까? 이와 같은 수렁에서 올바른 방향을 찾기 위해서는 이해관계의 정치학이 지닌 치명적 한계를 깨달아야만 한다. 독일의 링케(Die Linke) 같은 정당은 더 나은 건강 관리와 은퇴 조건, 고임금 등을 통해 자신의 노동계급 유권자를 효과적으로 대변한다. 이는 그들을 현존하는 시스템의 정해진 영역 내부에 자동적으로 위치 지으며, 따라서 진정한 해방에 못 미친다. 이해관계는 그냥 충족되어야만 하는 것이 아니다. 이해관계로 환원될 수 없는 생각과 견주어 재정의되어야만 한다. 이점이 바로 왜 우리가 거듭해서 우파 포퓰리스트가 권력을 잡게 되면 때때로 노동자의 이해관계와 실질적으로 부합하는 조치를 취하는 역설을 마주하게 되는지 설명해준다. 폴란드 현대 역사에서 가장 큰 사회적 소득이전(social transfer)을 완수하는 데 노력한 피스당(법과정의당)처럼 말이다.

피스는 마린 르펜(Marine Le Pen—프랑스 극우파 국민전선의 당수)이 프랑스에서 약속했던 것과 동일한 일을 실행했다. 좌파 정당이 감히 엄두조차 못 내는 사회적 소득이전 같은 반긴축 조치와 국가 정체성을 지키고 이민자의 위협에 대응하는 질서와 안

보의 연장을 결합했다. 평범한 사람의 가장 큰 두 가지 근심에 직접 호소하는 이 조합을 그 누가 이길 수 있겠는가? 우리는 공식 '좌파'가 다문화적 권리를 옹호하면서도 긴축의 정치를 강제하는 반면 포퓰리즘적 우파는 외국인 혐오적 국수주의 의제를 설파하면서도 가난한 사람을 돕기 위해 반긴축 조치를 입법하는 이 희한하게도 도착적인 상황이 눈앞에 벌어지는 것을 확인할 수 있다. 이는 헤겔이 뒤집어진 세계(Die Verkehrte Welt)라고 부른 것의 가장 최근의 형상일 터이다. 포퓰리스트만이 아니라도 이를 두고 다음과 같은 반응이 나올 것이다. 우리가 '정상적' 국가를 새로 설립해야 하는 것은 아닐까? 다시 말해 우파 포퓰리스트가 입법을 하고 있듯이 좌파도 반긴축 조치를 제정하되 거기에 부수되는 인종차별적이고 국수주의적 함의 없이 시행해야 하는 것은 아닐까? '논리적'으로 들리지만, 이것이야말로 해서는 안 되는 짓이다. 우파가 이 일을 할 수 있는 것은 바로 이 반긴축 조치가 인종차별적이고 국수주의적 이데올로기에 동반되기 **때문**이며, 이 이데올로기적 외피가 바로 반긴축을 받아들이게 만들기 **때문**이다.

이 논리는 일반적으로 위대한 우파 지도자만이 좌파 세력과 역사적인 합의에 이를 수 있다는 사실과 모호하게도 유사하다. 오직 닉슨만이 중국과의 연계를 세우고 베트남과 평화를 마무리 지을 수 있으며, 오직 드골만이 알제리의 독립을 인정할 수 있다는 식이다. 좌파 지도자에게 그러한 행보는 자기 파괴적이었을 법하다. 오늘날 우리는 그 정반대의 사례도 갖고 있다. 오직 좌파주의적 시리자만이 그리스에서 긴축 조치를 시행할 수 있었다. 만일 우파 정부가 그렇게 한다면 엄청난 저항을 몰고 왔을 터였다. 좀 더 일반적 차원에서 이는 헤게모니를 지닌 등가물의 연쇄에서 모든 요소의 위치가 다른 요소의 위치에 의해 중첩 결정된다는 것을 뜻한다. 즉 식민 권력에 의한 급진적 반식민주의 투쟁의 인정은 좌파 정치학과 결합된 훨씬 더 '자연스러운' 요소로서보다는 일반적인 보수주의적 성향과 더 쉽사리 양립한다.

변화의 가능성과 대안

포퓰리즘은 궁극적으로 **결코** 통하지 않는다. 그 우파적 변종은 정의상 속임수를 쓴다. 이들은 가짜 적의 형상을 만드는데, 이것이 가짜인 까닭은 '자본' 대신에 '유대인'을 들먹이듯이 기본적인 사회적 적대를 감추어버리기 때문이다. 그리고 이러한 방식으로 우파의 포퓰리즘적 수사는 자신이 반대하는 척하는 바로 그 금융 엘리트를 위해 봉사한다. 그 좌파적 변형은 칸트적 의미에서 훨씬 복잡하게 허위이다. 좀 막연하지만 하나의 적절한 상응 관계로 보면, 적대적 관계에서 적을 구성하는 일은 칸트의 도식주의에서도 중요한 역할을 차지한다고 볼 수 있다. 도식주의는 우리가 이론적 통찰—추상적인 사회 모순의 인식—을 실천적이고 정치적인 참여로 번역할 수 있게 해준다. 바디우의 명제인 "우리는 자본주의와 싸울 수 없다."를 우리는 이처럼 이해해야 한다. 공개된 자본주의의 매개자처럼 활동하는 구체적 행위자에 대항하는 행동으로 우리의 투쟁을 '도식화'해야만 한다. 그렇지만 마르크스주의의 기본적 판단은 바로 그렇게 실제의 적으로 개별화하는 일이 잘못이라는 것이다. 그것이 필연적이라면, 필연적으로 구조적 환영의 일종이다. 그렇다면 이것은 마르크스주의 정치학이 어떤 면에서 잘못이라는 것을 알고 있으면서도 항구적으로 자신의 추종자와 자기 스스로를 기만해야만 한다는 뜻인가? 마르크스주의적 참여는 이 내재적 긴장 상태에 결박되어 있다. 이 긴장 상태는 우리가 지금은 적과 싸우고 나중에 좀 더 근본적인 시스템 자체의 전복으로 옮겨갈 것이라고 주장한다고 해서 해소될 수 없다. 좌파 포퓰리즘은 권력을 잡는 순간 적과의 투쟁이라는 한계에 걸려 비틀댄다.

물론 여기서 명확한 좌파-포퓰리즘의 반박이 있을 수 있다. 대안적 사회의 세부 전망을 제시하지 않는다는 사실이야말로 바로 좌파 포퓰리즘의 장점이 아니냐는 주장이다. 그러한 개방성은 급진적 민주주의 투쟁의 특징이다. 미리 결정된 방침은 존재하지 않고 단기적 목표가 바뀜에 따라 재정립 작업이 항시 진행된다. 거듭 말하지만, 이 무난한 대답은 너무나 손쉬워서, 좌파 포퓰리즘적 투쟁의 '개방성'이 자본주의의 핵심 문제를 회피하는 후퇴 전략에 기반을 두고 있다는 사실을 흐리게 만든다.

오늘날 근본적 변화를 상상하기 힘든데도 왜 근본적 변화를 고집하는가? 왜냐하면 우리의 전 지구적 곤경이 이를 요구하기 때문이다. 오로지 급진적 변화만이 생태적 파국과 유전공학의 위협 및 우리 삶의 디지털 통제 같은 전망에 대처하게 해줄 수 있다. 이 과제는 불가능하지만 그만큼 절실하다. 수십 년 전 아일랜드 의회의 토론장에서 당시 총리였던 피츠제럴드(Garret FitzGerald)는 평범한 지혜—"이론적으로는 괜찮을지 모르지만 실행하기에는 좋지 않다."—를 헤겔적으로 뒤집어서 한 제안을 거부했다. 그가 내놓은 반박은 "실행하기에는 괜찮을지 모르지만, 이론으로는 충분치 않다."라는 것이었다. 이것이 바로 좌파 포퓰리즘이 처한 상태이다. 완전히 받아들이지는 말고 단기간의 실용적 타협의 일부로만 간주해야 한다는 논리다. 우리는 포데모스의 경우처럼 적어도 최상의 형태를 띤 좌파 포퓰리즘은 지지해야만 한다. 그러나 어떤 환상도 없이 궁극적으로는 이 길이 실패할 것을 알고 있으며, 이 실패를 통해 무언가 새로운 것이 나타나리라는 희망을 품으면서 그렇게 해야 한다.

1. Yuval Harari, *Homo Deus*, London: Harvill Secker, 2016, p. 249. 유발 하라리, 《호모 데우스》, 김영사, 2017. 346쪽.

2. 2018년 9월 매사추세츠주 애머스트 '급진 경제학을 위한 연대(Union for Radical Economics)' 학술대회에서 있었던 일이다.

3. 에르네스토 라클라우, 《포퓰리즘적 이성》. Ernesto Laclau, *On Populist Reason*. Lodon: Verso, 2005, p. 90.

3부

디지털 정치학

가짜 뉴스에서
거짓 선전까지

"오늘날 정치적 기성 체제를 뒤흔드는 포퓰리즘의 물결로 인해 이 기성 체제의 이데올로기적 기반으로 복무했던 진실과 허위의 이분법이 허물어지고 있다. 이러한 붕괴의 궁극적 이유는 포스트모던 상대주의의 발흥이 아니라 더는 이데올로기적 헤게모니를 유지할 수 없는 기성 지배 체제의 실패 때문이다."

⋮

언론에서—꼭 언론만은 아니지만—가짜 뉴스의 폭발적 증가를 두고 벌어지는 논란에 대해 자유주의적 논객들은 세 가지 항목을 즐겨 지적한다. 이 셋은 하나로 뭉쳐서 누군가가 '진실의 죽음'이라고 부른 현상을 끊임없이 양산하고 있다.

첫째, 종교적이고 속민적인 근본주의—그리고 그것과 짝패인 고루한 정치적 올바름—의 발흥으로서 이들은 합리적 논쟁을 거부하고 자신의 메시지를 전달하기 위해 데이터를 무자비하게 조작한다. 기독교 근본주의자는 예수를 위해 거짓을 말하며, 정치적으로 올바른 좌파는 자신이 선호하는 희생자를 좋지 않은 모습으로 묘사하는 뉴스를 교란하거나 그런 뉴스의 전달자를 '이슬람혐오적 인종차별주의자'라고 비난한다.

그다음으로는 특정한 이데올로기적 이해관계에 기반을 둔 공동체를 형성하게 도와주는 새로운 디지털 미디어가 있다. 이 공동체를 통해 사람들은 통합된 공공영역 바깥에서 뉴스와 견해를 교환할 수 있으며 음모론이나 그와 유사한 이론을 아무런 제지 없이 퍼뜨릴 수 있다. (한창 번성 중인 신나치주의와 반유대주의 웹사이트만 봐도 알 수 있다.)

마지막으로, 포스트모던 '해체주의'와 역사주의적 상대주의의 유산이 있다. 이들은 모두에게 해당하는 객관적 진리는 없고 모든 진리는 특수한 지평에 의존하며 권력관계에 좌우되는 주관적 관점에 뿌리를 둔다고 주장한다. 또한 우리가 역사적 한계를 벗어나 사태를 객관적으로 바라볼 수 있다는 주장이야말로 가장 거대한 이데올로기라고 생각한다. 물론 여기에 반대하는 쪽에는 객관적이고 사심 없는 탐구로 접근할 수 있는 사실이 엄연히 존재하며 표현의 자유와 사실의 자유는 구분되어야만 한다는 입장이 있다. 자유주의자는 따라서 진실성이라는 특권적 근거를 편안하게 차지하고 극우파와 급진 좌파 양쪽 모두를 묵살한다.

문제는 마지막 구별법에서 생겨난다. 어떤 측면에서 보면, 홀로코스트가 일어났느냐 아니냐는 차원까지는 물론 아니지만 '엇갈리는 사실들'이 분명 존재한다. (말이 나온 김에 덧붙이면, 데이비드 어빙을 위시해 내가 아는 모든 홀로코스트 수정주의자는 데이터를 검증하는 엄격한 경험주의적 방식으로 논증하며 어느 누구도 포스트모던 상대주의를 부추기지 않는다!) '데이터'는 방대하고 파악이 불가능한 영역이기에, 우리는 항상 해석학자가 특정한 이해의 지평이라고 부르는 관점을 통해 데이터에 접근하며, 어떤 데이터는 중시하고 다른 것은 누락한다. 우리의 모든 역사는 다름 아니라 바로 그 이야기들, 선별된 데이터를 일관성 있는 서사로 조합한 것이지, 현실을 사진 찍듯 재생산한 것이 아니다. 예를 들어, 반유대주의적 역사가는 어떻게 변호사, 기자, 예술가 같은 전체 직업군을 유대인이 수적으로 지배했는지 지적하면서 1920년대 독일의 사회적 삶에서 유대인이 차지했던 역할에 관해 쉽사리 집필할 수 있다. 모든 데이터가 얼마간은 사실이겠지만, 명백히 거짓을 위해 동원된 것이다.

가장 효율적인 거짓말은 진리가 가미된 거짓으로서 오직 사실적 데이터만을 재생산하는 거짓말이다. 한 국가의 역사를 예로 들자. 우리는 그 역사를 정치권력의 변천에 초점을 맞춰 정치적 관점에서 서술하거나, 또는 경제적 발전, 이데올로기 투쟁, 대중의 비참함과 저항을 통해 접근할 수도 있다. 이런 각각의 접근법은 사실의 측면에서 정확할 수 있겠지만 그것이 전부 동일한 무게를 지닌 의미에서 '옳다'고 할 수는 없다. 인류의 역사가 항상 특정한 이데올로기적 이해관계에 바탕을 두고 어떤 특정한 관점에서 쓰인다는 사실에는 '상대주의적'인 것이 아무것도 없다. 어려운 과제는 이렇게 이해관계를 지닌 관점 중 어떤 것이 어떻게 궁극적으로 모두 똑같이 옳은 것은 아닌지, 어떻게 어떤 관점이 다른 것보다 더 '진실한지' 밝히는 일이다. 예컨대 누군가 나치즘에 핍박받았던 사람의 고통이라는 관점에서 나치 독일의 이야기를 서술한다면, 다시 말해 우리가 보편적 인간해방이라는 이해관계를 지니고 이야기를 써나간다면 이는 단지 서로 다른 주관적 관점의 문제로 국한되지 않는다. 그런 방식의 역사 재서술은 나치즘을 탄생시킨 사회의 총체적 동력학을 더 적절하게 묘사하기에 마찬가지로 본질적으로 '더 진실'하다.

모든 '주관적 이해관계'가 동일하지는 않다. 어떤 것이 윤리적으로 다른 것보다 더 선호되기 때문만은 아니고 '주관적 이해관계'가 사회적 총체의 바깥에 존재하는 것이 아니기 때문이기도 하다. 이 이해관계는 그 자체로 사회적 총체성의 계기이며 사회적 과정에 적극적이거나 수동적으로 참여함으로써 형성된다. 하버마스 초기 걸작의 제목《지식과 인간의 이해관계(Knowledge and Human Interests)》*가 어쩌면 오늘날 그 어느 때보다 사실일 듯하다.

'진리의 죽음'을 선언하는 사람들이 바탕에 깔고 있는 전제에는 훨씬 더 큰 문제가 있다. 그들은 마치 예컨대 1980년대까지는 모든 조작과 왜곡에도 진리가 어떻게든 진짜로 널리 통했으며 '진리의 죽음'은 비교적 최근의 현상인 것처럼 말한다. 잠깐 살펴보기만 해도 이미 이 입장이 사실과 다르다는 것을 알 수 있다. 베트남전쟁에서 이라크 침공에 이르기까지 얼마나 많은 인권의 침해와 인도주의적 참사가 드러나지 않은 채 남겨졌던가. 레이건, 닉슨, 부시 시절을 떠올리기만 해도 알 수 있다. 차이가 있다면 과거가 더 '진실'했다는 점이 아니라 이데올로기적 헤게모니가 과거에 더 강력했다는 것이다. 그리하여 오늘날 국지적 '진실들'을 떠드는 더 커다란 소란 대신에 하나의 '진리' 혹은 하나의 거대한 거짓이 기본적으로 지배적이었다. 서구에서 이것은 좌파나 우파적 변형이 가미된 자유민주주의적 진리였다. 오늘날 정치적 기성 체제를 뒤흔드는 포퓰리즘의 물결로 인해 이 기성 체제의 이데올로기적 기반으로 복무했던 진실과 허위의 이분법이 허물어지고 있다. 이러한 붕괴의 궁극적 이유는 포스트모던 상대주의의 발흥이 아니라 더는 이데올로기적 헤게모니를 유지할 수 없는 기성 지배 체제의 실패 때문이다.

* 위르겐 하버마스, 《인식과 관심》, 강영계 옮김, 고려원, 1996.

이제 '진리의 죽음' 운운하며 애석해하는 사람들이 진짜로 비통해하는 일이 무엇인지 알 수 있다. 그들은 대체로 다수가 받아들임으로써 사회에 이데올로기적 안정성을 가져왔던 하나의 거대한 서사가 무너진 일을 안타까워한다. '역사적 상대주의'라는 저주를 퍼붓는 사람들의 비밀은 그들이 하나의 거대한 진리—그게 거대한 거짓이라고 할지라도—가 모든 일을 설명하는 '인식의 지도 그리기'를 제공했던 안전한 상황을 그리워한다는 점이다. 요컨대, '진리의 죽음'을 애통해하는 사람들이야말로 그 죽음의 진정하고 가장 근본적인 수행자이다. 그들의 모토는 괴테가 말한 "무질서보다 불의(besser Unrecht als Unordnung)"이다. 즉 혼란보다 부정의, 거짓과 진실의 혼합물이라는 현실보다 하나의 거대한 허위가 낫다는 주장에 불과하다.

이런 태도의 의미는 무엇일까? 유일하게 정직한 입장이란, 우리의 현실이 거짓과 소소한 진실의 혼합물이라는 것을 받아들여야만 한다고 주장하는 포스트모던 상대주의를 뜻하며, 모든 거대한 진리는 거짓에 불과함을 의미할까? 결단코 그렇지 않다. 이것이 뜻하는 바는 단지 옛날의 이데올로기적 헤게모니로의 회귀가 가능하지 않음을 의미할 뿐이다. 진리로 회귀하는 유일한 길은 보편적 해방에 참여하는 입장으로부터 진리를 재구성하는 일이다. 우리가 받아들여야 할 역설은 보편적 진리와 당파성이 서로를 배제하지 않는다는 사실이다. 우리의 사회적 삶에서 보편적 진리는 해방을 향한 투쟁에 참여하는 사람에게

만 주어질 수 있고, '객관적' 무관심의 태도를 견지하려는 사람에게는 닫혀 있다. 앞서 거론한 사례로 돌아가자면, 반유대주의 및 여타 모든 인종차별주의는 아무리 부분적 '진실들'—정확한 사실들—에 뒷받침되더라도 절대적으로 옳지 않다. 진실되고 거짓된 데이터만이 존재하는 것이 아니라 진실되거나 허위인 주관적 관점도 존재한다. 이러한 관점 그 자체가 사회적 현실의 일부이기 때문이다.

대중에게 나쁜 소식을 알릴 권리

"범죄와 싸우기 위해서라도 우리는 그것들의 끔찍함을 그대로 드러내야 하고, 그것으로부터 충격을 받을 필요가 있다. 《동물농장》의 서문에 조지 오웰은 자유가 어떤 의미를 지닌다면 이는 '사람들이 듣고 싶어 하지 않는 것을 말할 권리'를 뜻하기 때문이라고 썼다. 언론 미디어가 검열되고 규제될 때 우리는 바로 이 자유를 빼앗긴다."

⋮

디지털 미디어의 지배가 점차 증가하는 시대인 오늘날 인터넷이 어떻게 생겨났는지 기억해야만 한다. 미국 육군에서는 전 지구적 핵전쟁으로 중앙사령부가 파괴되면 살아남은 부대

간의 소통을 어떻게 지속할 것인지 고민했다. 이 산발적인 부대를 파괴된 중심을 거치지 않고 직접 연결하자는 아이디어가 등장했다. 따라서 처음부터 인터넷은 민주주의적 잠재성을 품고 있었다. 중앙의 통제와 조정을 통과해서 개별 단위 간의 여러 직접 소통을 표방했기 때문이다. 이 민주주의적 잠재성은 권력을 쥔 사람에게 위협으로 다가왔다. 위협을 대하는 권력층의 주된 반응은 개인 간의 소통을 매개하는 디지털 '클라우드(cloud)'를 통제하는 것이었다. '클라우드'는 물론 어떤 형태를 취하더라도 우리의 자유를 촉진하는 매체로 등장한다. 클라우드 덕분에 우리는 개인 컴퓨터 앞에 앉아서 자유롭게 검색할 수 있고, 마음만 먹으면 얻을 수 있는 모든 것을 제공받는다. 그렇지만, 클라우드를 통제하는 사람은 우리의 자유 역시 통제한다.

이 통제의 가장 직접적 방식은 물론 드러내놓고 배제하는 것이다. 대개는 순전히 기술적인 문제라는 구실로 아무런 납득할 설명이 없이 개인뿐만 아니라 전체 뉴스 매체, 예컨대 텔레수르(베네수엘라), 알티(러시아), 알자지라(카타르)가 사회적 미디어망에서 사라지거나, 미국 호텔방의 텔레비전에서 알자지라 방송을 보려고 할 때처럼 접근성이 제한된다. 대놓고 인종차별적인 극단 행동을 마주할 때처럼 어떤 경우에는 이러한 검열이 정당화될 수 있다. 하지만 우려스러운 점은 검열이 투명하지 않은 방식으로 쉽게 벌어진다는 사실이다. 여기서 접근을 제한하는 그러한 조치가 투명한 방식과 공적 근거에 의거해야 한다는 최소한의 민주적 요구가 필요하다. 물론 이러한 근거 역시 기만적이고 모호하며 진짜 이유를 은폐할 수 있다.

러시아에서는 실제로 자신이 강력하게 반대하는 사안을 인터넷에서 선전하면 감옥에 갈 수 있다. 최근의 사례를 들면, 예카테린부르크에서 유치원 교사 예브게니아 추드노베츠(Yevgenia Chudnovets)는 한 유아의 여름 캠프에서 학대받는 영상을 옮겼다는 이유로 5개월의 수용소 감호 판결을 받았다. (2018년 3월 6일에 그 판결은 뒤집혔다.) 추드노베츠는 "미성년 아동의 노골적인 성적 이미지를 담은 데이터나 항목을 전파하고, 공개적으로 전시하거나 광고하는 일을 금하는" 법 조항의 위반으로 기소되었다. 소셜 네트워크에 옮겨서 게시했던 그 영상에 쿠르간 지방의 카타이스크 마을에 있는 아동캠프에서 학대받는 벌거벗은 아이가 담겨 있다는 이유였다. 이 교사는 그 끔찍한 사건을 그냥 지나칠 수 없었다고 해명했고, 이는 옳은 말이었다. 그녀가 기소된 진짜 이유는 성적으로 노골적인 아동의 이미지를 막지 못했기 때문이 아니다. 국가의 묵인 아래 공적인 기관에서 자행되고 있는 학대 행위를 은폐하지 않았기 때문이다.

이 사건을 푸틴이 강압적으로 집권하는 러시아에서만 일어날 수 있는 일로 치부할 수는 없다. 그러한 과거 미디어 검열의 잘 알려진 최초 사례에도 정확히 동일한 과정이 있었다. 2016년 9월 '페이스북(Facebook)'은 아홉 살 소녀 킴 푹(Kim Phuc)이 네이팜탄을 피해 달아나고 있는 그 역사적 사진을 삭제하기로 결정

〈전쟁의 공포(The Terror of War)〉 (닉 우트, 1973)

했다. 며칠 후, 여론이 비등해지자, 그 사진은 다시 게재되었다. '페이스북'이 그 이미지 삭제 결정을 어떻게 옹호했는지 살펴보면 흥미롭다. "이 사진이 상징적이라는 점은 저희도 알고 있지만, 벌거벗은 아이의 사진을 허용해도 되는 경우와 그렇지 않을 때를 구분하기가 어려웠습니다."* 전략은 분명하다. 아동 나체 금지라는 일반적이고 중립적인 도덕 원칙이 베트남을 네이팜탄으로 폭격한 끔찍한 일을 떠올리게 하는 역사적 증거를 검열하기 위해 동원된다. 이런 식의 근거 제시가 극단으로 치닫게 되면, 아우슈비츠와 다른 나치 수용소 해방 직후 촬영된 영화 금지 조치를 정당화하는 데에도 이용될 수 있다.

지나가는 김에 이야기하자면, 2년 전 나도 비슷한 일을 되풀이해서 겪었다. 그때 나는 학술대회에서 캐나다 온타리오주 출신의 브래들리 바턴(Bradley Barton)이 얽힌 희한한 사건을 거론하고 있었다. 그는 2016년 3월 신디 글레이드(Cindy Gladue)를 죽인 일급살인 혐의에 무죄를 선고받았다. 신디는 원주민 출신의 윤락 여성으로서 생식기 둔덕에 11센티미터가량의 상해를 입는 바람에 캐나다 에드먼턴의 옐로헤드에서 피범벅이 되어 사

* 페이스북과 킴 푹의 사진 삭제 및 재게재와 관련된 사항은 다음을 참조할 것. 제임스 템퍼튼, 〈페이스북이 베트남전쟁 사진을 검열하기로 결정하다〉. James Temperton, "Facebook makes u-turn on decision to censor an iconic Vietnam War photo", Wired, 2016. 09. 10. https://www.wired.co.uk/article/facebook-terror-of-war-vietnam-napalm-girl-image-censored (2020. 11. 20. 마지막 접속)

망했다. 변호인 측은 바턴이 거칠긴 했지만 합의한 성관계 도중에 우발적으로 글레이드의 죽음을 초래했다고 주장했고 법정은 이를 받아들였다. 이 사건은 단지 우리의 기본적인 윤리적 직관만을 거스르는 게 아니다. 한 남성이 성관계 중 한 여성을 잔인하게 살해하지만 "그럴 맘이 아니었기에" 풀려난다. 이 사건에서 가장 혼란스러운 점은 변호인 측의 요구를 수용하여 판사가 글레이드의 보존 처리된 골반을 증거로 받아들인 사실이다. 법정에 공개된 그녀 몸의 하반신은 배심원들이 볼 수 있게 전시되었다. (덧붙이자면, 이것은 캐나다에서 신체의 일부가 재판에 공개된 첫 사례다.) 왜 상처 부위를 찍은 사진 원본만으로 충분하지 않았던 것일까?*

여기서 하려는 이야기는 내가 이 사건을 거론한다고 거듭 비판받았다는 사실이다. 그 사건을 묘사함으로써 그 일을 재생하게 되며 따라서 상징적으로 반복한다는 것이 지적의 이유였다. 비록 그 판결에 강하게 반대하면서 사건을 거론했지만 나도 모르게 듣는 사람들에게 그 일에서 변태적인 즐거움을 느끼

* 캐나다 법원이 바턴에게 무죄를 선고하자, 이에 항의하는 시위가 캐나다 도처에서 발생했다. 2019년 5월 재정신청이 받아들여져 캐나다 대법원은 이 사건을 다시 재판하라고 판결했다. 재정신청 과정은 다음을 참조.
〈대법원이 신디 글레이드 사망 과실치사 혐의에 대한 재심을 명령하다〉. "Supreme Court orders retrial on manslaughter charges in Cindy Gladue death", CTV NEWS, 2019. 05. 24.
https://edmonton.ctvnews.ca/supreme-court-orders-retrial-on-manslaughter-charges-in-cindy-gladue-death-1.4435561 (2020. 11. 20. 마지막 접속)

게 했다는 이야기였다. 이런 공격은 사람을 트라우마적이거나 심기 불편한 뉴스와 이미지로부터 보호할 "정치적으로 올바른" 필요성을 근사하게 예시한다. 내 반론은 이렇다. 그러한 범죄와 싸우기 위해서라도 우리는 그것들의 끔찍함을 그대로 드러내야 하고, 그것으로부터 충격을 받을 필요가 있다. 《동물농장》의 서문에 조지 오웰은 자유가 어떤 의미를 지닌다면 이는 "사람들이 듣고 싶어 하지 않는 것을 말할 권리"를 뜻하기 때문이라고 썼다. 언론 미디어가 검열되고 규제될 때 우리는 바로 이 자유를 빼앗긴다.

빨갱이가 되느니 죽음을 달라!

"긴급한 상황이라면 우리는 스스럼없이 뻔뻔하게 불가능한 것을 행하고 불문율을 깨뜨려야만 한다. 불행하게도 오늘날의 좌파는 미리부터 겁을 먹고 아무런 급진적 행위를 하지 못한다. 심지어 권력을 쥔 경우에도 늘 걱정으로 세월을 보낸다. '이 일을 하면 세상에서 어떻게 반응할까? 우리 행동이 공포를 불러오지는 않을까?'"

⋮

미국에서 벌어진 일련의 사태, 캐버노(Brett Kavanaugh—2018년 트럼프가 대법관에 임명. 지명된 후 성폭행 의혹이 불거져 논란을 일으켰다.) 대법관 지명 논란, 잘나가는 자유주의 민주당원에게 배달된 수

상한 소포, 피츠버그 유대인교회 총기 난사, 트럼프 입담이 날카로워진 일까지. 트럼프는 미국의 주요 언론을 국민의 적이라고 치부하는 것부터 중간선거에서 공화당이 패한다면 사기를 친 셈이 될 터이니 선거 결과를 받아들이지 않겠다고까지 공언하는 입담을 과시했다. 이 모든 현상이 미국 정치 영역의 공화당 진영에서 벌어졌고 또 공화당의 색이 붉은색인 까닭에, 냉전 시대의 오래된 반공주의 구호였던 "빨갱이가 되느니 죽음을 달라(Better dead than red)!"가 지금 뜻하지 않게 새로운 의미를 얻게 되었다. 그러나 좀 더 정확하게 따져볼 필요가 있다. 이렇게 천박함이 분출하는 정치 영역에 도대체 무슨 일이 벌어지고 있는가?

유발 하라리가 《호모 데우스》에서 설파했듯이, "민주적 선거는 대체로 공유된 종교 신념이나 국가 신화 같은 모종의 선천적 공동 유대가 있는 대중들 내에서만 작동한다. 그것은 이미 기본 사항들에 합의를 이룬 사람들 사이에서 불일치를 해소하는 방법이다." 그러나 미국과 다른 나라에서 기본 사항에 관한 합의가 갈수록 결핍되는 상황은 민족이나 종교적 다양성과 관계가 없고, 전체 현실정치의 맥락을 관통한다.

이 현상은 사회적이고 정치적인 삶의 두 가지 변형, 즉 포퓰리즘적 국수주의와 자유주의적 민주주의에 직면해 있다. 이 대결은 뒤틀린 형태로 계급투쟁을 반영한다. 우파 포퓰리즘적 국수주의자가 억압된 노동자 계급의 목소리로 자신을 대변하는 반면, 좌파 자유주의자는 새로운 엘리트 계층의 목소리를 대표

한다. 여기서 협상을 통해 긴장을 완화할 길은 궁극적으로 존재하지 않는다. 한쪽이 승리하거나 전체 무대가 탈바꿈되어야만 한다.

철학자들이 우리 삶의 '윤리적 근간'이라고 부르는 영역에서 파열이 생겨나고 있다. 이 파열은 '정상적' 민주주의로는 담을 수 없을 정도로 강력해지고 있으며, 차츰 일종의 냉내전(civil cold war)을 향해 치닫고 있다. 트럼프의 비정상적 '위대성'은 그가 실제로 행동한다는 것이다. 그는 자신의 결정을 압박하기 위해서라면 명시된 법이든 불문율이든 가리지 않고 파기하는 데 두려움이 없다. 우리의 공적인 삶은 명시되지 않은 관행, 즉 명확하게 적시된 규칙을 어떻게 실행할 것인가를 가르쳐주는 촘촘한 그물망 같은 불문율의 규제를 받는다. 트럼프는 어느 정도 명시된 법적 규제는 잘 지키는 반면, 이러한 규칙을 어떻게 실행할지 결정하는 명시되지 않은 소소한 규약은 무시하는 경향이 있다. 트럼프가 캐버노를 어떻게 다루었는지는 그러한 가장 최근의 사례에 불과했다. 덮어놓고 트럼프를 비난할 일이 아니다. 좌파는 그가 하는 짓을 배워서 똑같이 따라 해야만 한다. 긴급한 상황이라면 우리는 스스럼없이 뻔뻔하게 불가능한 것을 행하고 불문율을 깨뜨려야만 한다. 불행하게도 오늘날의 좌파는 미리부터 겁을 먹고 아무런 급진적 행위를 하지 못한다. 심지어 권력을 쥔 경우에도 늘 걱정으로 세월을 보낸다. "이 일을 하면 세상에서 어떻게 반응할까? 우리 행동이 공포를 불러오지는 않을까?" 궁극적으로 이 두려움은 "우리의 적들이 화가 나서 반격하지 않을까?"를 뜻한다. 정치판에서 행동하기 위해서는 이 두려움을 극복해야 하며 위험을 감수하고 미지의 영역으로 한걸음 들어서야만 한다.

앤드루 쿠오모(Andrew Cuomo —미국 뉴욕주지사) 같은 정치가는 상호존중의 상태로 돌아가자고 필사적으로 호소하고 있지만, 이것만으로는 충분하지 않다. 이러한 태도는 '무자비한' 포퓰리즘의 발흥이 자유주의적 합의의 실패가 열어젖힌 결핍을 채워주고 있다는 사실을 고려하지 않고 있다. 그러면 어떻게 해야 할까? 여기서 사뮈엘 베케트의 《말론, 죽다(Malone Dies)》에 나오는 한 대목을 인용해보자. 그는 "내 생각엔, 모든 것이 스스로 분열한다."고 썼다.* 근본적 분열은 마오쩌둥이 주장했듯이 하나가 둘로 쪼개지는 것이 아니다. 오히려 두루뭉술한 것이 하나와 그 나머지로 나뉘는 것이다. 최근 포퓰리즘이 폭발적으로 기세등등하여 우리 사회가 분열되기 이전의 그 '하나'는 모두가 공유하는 민주주의적 투쟁의 확립된 불문의 관습을 둘러싼 자유주의적 합의였다. 그리고 거기서 배제된 '나머지'는 이른바 양진영의 극단주의자였다. 그들에게는 관용이 베풀어졌지만, 정치권력 참여는 배제되었다. 극우 포퓰리즘의 발흥으로 인해 자

* 사뮈엘 베케트, 《베케트 3부작》, Samuel Beckett, *The Beckett Trilogy*. London: Grove, 1958. p. 168.

유주의적 중도의 헤게모니는 손상되었고, 전혀 다른 정치적 논리—정치 내용이 아니라 주로 정치 스타일의 측면에서—가 주류의 일부로 머리를 쳐들게 되었다.

그러한 상황이 무한정 지속되지는 못할 것이고, 새로운 합의를 향한 요구가 있으며, 우리 사회의 정치적 삶은 새로운 하나로 나누어질 필요가 있다. 그리고 이 새로운 하나가 무엇이 될지는 섣불리 결정되지 않는다. 현 상황은 실제적 위험을 수반한다. 브라질에서 보우소나루(Jair Bolsonaro—브라질의 우파 포퓰리스트 정치가. 2018년 대통령에 당선)의 승리로 브라질뿐만 아니라 우리 모두에게 어떤 결과가 생겨날지 예측할 수 있겠는가. 그러나 정신을 잃고 공포에 사로잡히기보다 우리는 용기를 내서 이 위기를 기회로 삼아야 한다. 마오쩌둥을 다시 인용하자면, "천하가 대혼란이지만 기운은 상서롭다(천하대란, 형세대호)."

좌파가 제시해야 할 새로운 공통의 영역, 그 새로운 하나는 바로 근대 유럽의 위대한 정치-경제적 성취, 즉 사회민주주의적 복지국가다. 앞서 말했듯이 슬로터다이크는, 우리의 현실은 적어도 유럽에서는 "주관적" 사회민주주의에 맞선 "객관적" 사회민주주의라고 했다. 이렇게 해서 옛날로 그냥 돌아가자는 이야기인가? 아니다. 역설적이지만 오늘날의 새로운 상황에서 옛날식 사회민주주의 복지국가를 고집하는 것은 거의 혁명을 하자는 태도이다. 샌더스와 코빈의 제안은 때로는 반세기 전 온건한 사회민주주의자의 주장보다도 훨씬 덜 급진적이지만, 그것만으로도 사회주의적 급진주의자로 매도당한다.

포퓰리즘적 우파가 국수주의적인 것은 맞지만, 자신을 국제적 네트워크를 지닌 조직으로 만드는 일에서는 좌파보다 낫다. 따라서 새로운 좌파 기획은 오직 포퓰리스트의 국제주의와 맞먹을 정도로 스스로 전 지구적 운동으로 조직할 때만 살아날 것이다. 샌더스, 코빈, 바루파키스 사이에 의제로 부상하는 협약이 그쪽으로 향하는 첫걸음이다. 자유주의적 기득권 세력의 저항이 거셀 터이다. 코빈이 반유대주의라며 반대하는 항의는 어떻게 새로운 좌파 운동 전체가 이를 훼손하려는 저항의 희생양이 될 수 있는지 나타내주는 첫 지표이다. 그러나 다른 방도는 없고 위험을 감수해야만 한다. 《문화의 정의를 위한 단상들(Notes Towards a Definition of Culture)》에서 위대한 보수주의자 엘리엇(T. S. Eliot)은 우리에게 주어진 선택지가 오로지 이단이냐 무신론이냐 둘뿐이어서 종교가 계속 존속하는 유일한 길은 주력부대에서 갈라진 분파의 역할을 택하는 것이 되는 순간이 있다고 일갈했다.* 이것이 우리가 지금 택해야 할 길이다. 정말로 트럼프를 물리치고 자유주의적 민주주의에 수호할 가치가 있는 것을 구원하는 유일한 길은 자유민주주의 진영의 주력부대에서 이탈한 분파의 역할을 수행하는 것이다.

* T. S. Eliot, *Notes Towards a Definition of Culture*, Gardners Books, 1972.

아케론강을
솟구치게 하리라

"제도적 무의식은 공적 기구를 지탱하는 외설적으로 부인된 이면을 나타낸다. 다시 말해, 이는 교회가 순응이라는 이유로 자신의 소아성애 스캔들을 묵인하려는 문제가 아니다. 오히려 교회가 스스로 방어하는 와중에 자신의 가장 내밀한 외설적 비밀을 옹호하려는 문제이다. 프로이트는 교회와 군대를 조직화된 군중의 두 가지 대표적 사례로 보았다. 그러니 군대에서 동일한 현상이 넘쳐나는 것은 놀라운 일이 아니다."

⋮

"아케론강을 솟구치게 하리라(Acheronta movebo: 저승을 움직이련다)."* 모든 진정으로 급진적인 변화의 모토는 한결같이 프로이트가 《꿈의 해석(Die Traumdeutung)》**의 제사로 삼았던 버질(베르길리우스) 문구의 인용이다. 우리의 일상적 삶의 드러나지 않은 토대가 자리한 지하 세계를 감히 교란하겠다는 것이다! 우리 사회에는 그러한 '지옥 세계'가 두 군데 있다. 하나는 정치적 무의식의 본령, 즉 공적 규칙을 보완하는 외설적 불문율의 거대한 영역이다. 두 번째는 공적 영역부터 가장 내밀하고 사적인 영역에 이르기까지 우리 나날의 삶을 규제하는 디지털 네트워크다. 여기서는 첫 번째를 자세히 살펴보자.***

소아성애처럼 구조화된 가톨릭의 무의식

아일랜드에서 펜실베이니아주를 거쳐 호주에 이르기까지 전 세계 가톨릭교회에서 소아성애 범죄가 벌어지고 있었다. 우리 사회의 도덕적 나침반을 자처하는 조직의 구성원이 저지른 이 범죄의 엄청난 규모는 우리에게 몇몇 난감한 문제를 제기하게 한다. 범죄의 공포에 버금갈 만큼 끔찍한 것은 교회가 이 스캔들을 축소하려고 애쓴 방식이다.

내 조국 슬로베니아에서는 교회의 지도적 인물인 로드 추

* Flectere si nequeo Superos, Acheronta movebo(천상의 힘들을 꺾을 수 없다면, 저승을 움직이련다), 고대 로마 베르길리우스의 서사시 《아이네이스》 제7절 312행. 프로이트는 이 문구를 통해 억압된 무의식적 충동을 묘사했다. 아케론은 그리스신화에 등장하는 죽은 사람들을 저승으로 인도하는 강이다.

** 지그문트 프로이트, 《꿈의 해석》, 김인순 옮김, 열린책들, 2020.

*** 두 번째는 다음 글 '디지털 공유재의 운명'을 참조.

기경이 공개적으로 냉소적 '현실주의'를 시연했다. 라디오 인터뷰에서 그는 "통계적으로 이것은 지엽적인 문제이다. 백 명 중 하나 혹은 기껏해야 두 명의 사제가 일종의 탐험에 나섰을 뿐이다."라고 말했다. 즉각 대중의 이목을 집중시킨 것은 소아성애를 듣기 좋게 일컬은 "일종의 탐험(a kind of adventure)"이라는 표현이었다. 아이들을 욕보인 잔인한 범죄가 모험에 찬 "명랑함(vivacity, 로드가 쓴 또 다른 표현)"을 평범하게 전시한 일로 취급되었다. 게다가 로드가 또 다른 인터뷰에서 말장난을 했듯이, "40년 세월이면 몇몇 사소한 범죄는 생길 수 있지 않나요?" 이거야말로 가톨릭 외설성의 정수다. 희생자인 아이들과의 연대는 없다. 도덕적으로 엄숙한 태도의 이면에서 우리가 확인하는 것은 냉소적 현실주의이다. "사는 게 다 그렇지 뭐. 피부를 벗기면 우리는 다 같이 붉은 존재이니, 사제도 또한 모험을 즐기고 명랑할 수 있지." (또 이 현실주의를 대변하여 가해자들을 두둔하는 후안무치한 연대감에 불과하다.) 그리하여 마침내 유일한 진짜 희생자는 부당하게 언론의 캠페인에 노출된 교회와 가해자 스스로인 것으로 드러난다. 따라서 전선이 분명하게 구분된다. 소아성애는 우리 모두의 것, 즉 우리 자신의 추잡한 비밀이며, 그것은 그 자체로 규범적이며 우리 규범성의 은밀한 근거이다. 혹은 체스터턴이 백 년 전 당연히 자기 발언의 모든 결과를 깨닫지 못한 채 《정통(Orthodoxy)》에서 말했듯, "기독교의 바깥쪽 원환에는 도덕적 절제와 전문적 사제가 엄격하게 경비를 서고 있다. 그러나 그 비인간적 감시의 안쪽에서는 아이처럼 춤추고, 어른처럼 술을 마시는 오래된 인간의 삶을 발견할 수 있다. 기독교는 이교적 자유를 누리기 위한 유일한 틀이기 때문이다."[1]

여기서는 도착적 결론을 피할 수가 없다. 멜랑콜리한 슬픔을 대가로 지불하지 않으면서도 향락적 삶이라는 이교도의 꿈을 즐기길 바라는가? 그러면 기독교를 선택하라! 우리는 이 역설의 흔적을 성(性)적인 지혜의 궁극적 담지자로 잘 알려진 가톨릭 사제 혹은 수녀라는 인물상으로 소급해서 찾아볼 수 있다. 영화 〈사운드 오브 뮤직(The Sound of Music)〉에서 모름지기 가장 강렬한 장면으로 알려진 대목을 떠올려보자. 폰 트랩 대령을 향한 성적 끌림을 어찌하지 못해서 대령의 집을 탈출해 수녀원으로 돌아간 마리아는 거기서도 평안을 얻지 못한다. 그녀가 여전히 폰 트랩을 사모하고 있기 때문이다. 한 인상적인 장면에서, 수녀원장은 그녀를 불러서 폰 트랩의 집으로 돌아가서 그들의 관계를 진전시켜 보라고 권한다. 그녀는 이 메시지를 아주 희한한 노래에 담아 전한다. "모든 산에 올라 보렴(Climb every mountain)!" 이 노래의 주장은 놀랍게도, "해봐! 모험을 해서 가슴이 원하는 모든 것을 시도해봐! 자잘한 근심이 네 앞길을 막아선 안 돼!"라는 것이다. 이 장면의 기이한 위력은 예상치 못한 욕망의 스펙터클이 펼쳐진다는 데 있는데, 이로 인해 이 장면은 말 그대로 당혹스럽다. 절제와 체념을 설파하리라 예상되는 바로 그 인물이 우리에게 욕망에 충실할 것을 권하는 행위자로 드러난다. 오늘날 가톨릭교회에 두루 걸쳐서 소아성애가 솟구쳐 나오는 상황에서 우리는 손쉽게 새로운 버전의 〈사운드 오브 뮤직〉의 장면을 상상할 수 있다. 한 젊은 사제가 수도원장에게 다가가 자신이 아직도 어린 소년을 향한 욕망으로 고통받는다고 토로하고 더 심한 처벌을 요구하자, 수도원장은 "모든 어린 소년을 올라타보렴…."이라는 노래로 화답하는 장면.

교회의 대변자들이 이 사건은 통탄할 만한 일이 맞지만, 교회 내부의 문제라고 주장하며 그 때문에 경찰 수사에 협조하길 매우 꺼리는 태도를 보일 때 어떤 면에서는 그들이 옳다. 그러나 가톨릭 사제의 소아성애는 제도로서의 교회와 상관없이 개인사와 연관된 우연적 이유로 소아성애증이 생긴 사람들만 관련된 문제가 아니다. 이 학대는 가톨릭교회 자체와 연관된 현상이다. 왜냐하면 소아성애가 사회적 제도로서 교회의 기능 그 자체에 새겨져 있기 때문이다. 이런 식으로 소아성애는 개인의 '사적인' 무의식뿐만 아니라 가톨릭교회라는 제도 자체의 (공공연하게 거론될 수 없는 일부로서의) '무의식'과도 관련 있다. 이 학대 행위는 이 교회 기구가 살아남기 위해 리비도적 삶의 병리적 현실에 적응해야만 했기에 생겨난 일이 아니라, 이 기구 자체가 자신을 재생산하기 위해 필요로 했던 그 무엇이다. 우리는 소아성애적인 기질이 없는 사제가 몇 년 동안 봉사한 뒤에 소아성애에 빠지는 경우를 충분히 상상할 수 있다. 왜냐하면 이 제도의 논리 그 자체가 그를 소아성애로 유혹하기 때문이다. 그러한 제도적 무의식은 공적 기구를 지탱하는 외설적으로 부인된 이면을 나타낸다. 다시 말해, 이는 교회가 순응이라는 이유로 자신의 소아성애 스캔들을 묵인하려는 문제가 아니다. 오히려 교회가 스스로 방어하는 와중에 자신의 가장 내밀한 외설적 비밀을 옹호하려는 문제이다.

프로이트는 교회와 군대를 조직화된 군중의 두 가지 대표적 사례로 보았다. 그러니 군대에서 동일한 현상이 넘쳐나는 것은 놀라운 일이 아니다. 고의적 해코지(fragging) 같은 외설적이고 성적인 의식의 이면은 군대의 집단적 연대 의식을 북돋운다. 이러한 외설적 지하의 존재는 이제는 반쯤 잊힌 아부그라이브(Abu Ghraib) 현상, 즉 미군 병사가 이라크 포로를 고문하는 장면을 새롭게 조명할 수 있게 한다. 사담 후세인의 정보 장관인 저 불쌍한 무하마드 사이드 알-사하프(Muḥammad Saeed al-Sahhaf)가 정례 기자회견에서 가장 분명한 사실마저 영웅적으로 부인하고 이라크 편에 남았던 사실을 아직 기억하는 누군가가 있을까? 그런데 그가 한때 이상한 진실을 건드린 적이 있다. 미국이 이미 바그다드의 일부를 점령하고 있다는 주장에 직면하자 그는 단호히 반박했다. "미군들은 아무것도 통제 못 한다. 자기 자신들도 통제를 못 한다!" 바그다드의 아부그라이브 교도소에서 벌어지던 그 이상한 일을 둘러싼 추한 소식이 터져 나왔을 때, 우리는 미국인이 스스로 통제하지 못한다는 바로 그 차원의 일면을 볼 수 있게 되었다.

검은 후드로 머리를 가리고 전기 케이블에 사지를 묶인 채 벌거벗은 몸으로 우스꽝스러운 무대에서 자세를 잡고 의자 위에 선 죄수. 그 유명한 사진을 보는 순간, 이 이미지는 우리에게 즉각적으로 미국 대중문화의 외설적 이면을 연상시켰다. 예컨대, 폐쇄된 공동체에 받아들여지려고 누군가 겪어야만 하는 고문과 모욕의 입문 의식 말이다. 미국 언론에서 이와 비슷한 사진을 볼 수 있는 일정한 때가 있지 않은가? 군대의 한 소대나 고

2008년 워싱턴주 시애틀 프리몬트 페어 장면. 예술가들이 아부그라이브 교도소에서 미군이 이라크 포로들을 학대하는 장면을 십자가를 든 그리스도로 재현했다.

등학교 교정에서 입문식이 도를 넘어서 병사나 학생이 받아들일 수 있는 수준 이상으로 다치고, 동료들 앞에서 자기 폄하적 몸짓을 하거나 바늘에 찔리는 고통을 겪는 등 강제로 모욕적인 태도를 취해야만 했던 그런 스캔들이 폭발했던 사건들 말이다.

이것이 뜻하는 바는 이 은밀한 측면과 자기 동일시하는 일이야말로 군인의 진짜 정체성, 가톨릭 사제의 정체성을 구성하는 핵심이라는 사실이다. 만일 한 사제가 진지하게—그냥 수사의 차원에서가 아니라—공개적으로 이러한 추문을 비난한다면, 그 때문에 그는 성직 공동체에서 고립될 것이다. 그는 더는 '우리 중의 하나'가 아니다. (정확히 동일한 방식으로, 1920년대 미국 남부의 어떤 마을에 사는 한 시민이 큐클럭스클랜[Ku Klux Klan]을 경찰에 고발한다면, 그는 자신이 속한 공동체에서 스스로 배제하는, 즉 그 공동체의 근본적 연대를 배신하게 되는 셈이다.) 따라서 교회의 미적거림에 대응한 응답은 우리가 범법 행위를 다루고 있을 뿐만 아니라 만일 교회가 수사에 충실히 협조하지 않는다면 그 사건에 사후적 공범임을 말하는 것이어야 한다. 제도로서의 교회는 그러한 범죄 조건을 체계적으로 양산한 방식과 관련해서 스스로 조사를 받아야만 한다. 감상적으로 죄를 인정하고 참회를 무대에 올리는 것으로는 충분치 않다. 여기서는 경찰에 온전히, 적극적으로 협조하는 일만이 중요하다.

이 외설적 지하 세계, 추한 습관의 무의식적 영역은 진짜로 바꾸기가 어렵다. 그러나 또 다른 지하 세계, 일종의 외화된 혹은 물질화된 무의식도 존재한다. 바로 우리가 지금 계속 논의하고 있는 우리 삶의 디지털화된 물리적 망체계, 라캉이 "대타자"* 라고 불렀던 이 새로운 형상이 바로 그것이다.

* 상징계에 속하는, 주체가 부정할 수 없는 타자의 근본적인 차원이다. 라캉에 의하면 인간의 욕망은 대타자의 욕망이며, 무의식은 대타자의 담론이다.

1. G. K. Chesterton, *Orthodoxy*, San Francisco: Ignatius Press, 1995, p. 139. G. K. 체스터턴, 《정통》, 홍병룡 옮김, 상상북스, 2010, 284쪽.

디지털 공유재의 운명: 트로츠키적 관점

"트로츠키는 이렇게 철도, 전기, 수도, 우편 같은 권력의 물리적 (기술적) 망체계를 표적으로 삼았다. 이 체계가 없다면 국가 권력은 아무런 힘도 쓰지 못하고 작동할 수도 없게 된다. 동원된 군중은 경찰과 싸우게 두거나 황제의 겨울 궁전으로 쳐들어가게 만들며, 핵심적 공격은 소규모 단련된 소수자가 수행한다. 이러한 절차를 두고 우리는 가련한 도덕적-민주주의적 태도로 거부감을 품기보다 오히려 이를 냉정하게 분석하고 오늘날에도 써먹을 수 있는지 생각해야만 한다."

⋮

몇 년 전 러시아 10월혁명이 백 주년(2017년)을 맞았다. 축하가 쏟아져 나왔지만, 혁명이 오늘날에 주는 핵심적 가르침은 주목받지 못한 채 지나갔다. (그게 아니면, 10월혁명은 진정한 민중 봉기가 아니라 소수 집단이 획책한 쿠데타로 거론되었다.) 이 교훈은 레닌과 트로츠키의 독특한 협력과 관련이 있다. 레닌 '유토피아'의 핵심은 1914년 참사의 잿더미를 딛고 제2인터내셔널의 정통성을 정리하는 과정에서 생겨난다. 이 유토피아는 부르주아 국가, 즉 국가 **그 자체**를 일소하고 상비군, 경찰 혹은 관료가 없는 새로운 공동의 사회 형태를 고안하자는 급진적 요청으로서, 모두가 사회적 문제의 관리에 참여할 수 있는 형태이다. 레닌에게 이는 어떤 먼 미래에나 가능한 이론적 프로젝트가 아니었다. 1917년 10월 레닌은 "우리는 2천만 명은 안 되도 천만 명 정도의 인민들로 이루어진 국가기구를 당장이라도 작동시킬 수 있다."고 주장했다.[1] **이 국면의 추동력이야말로 진짜 유토피아이다**. 우리가 주목해야 하는 것은 이 레닌주의적 유토피아의 광기, 엄밀하게는 키르케고르적 의미의 **광기**이다. 이에 비하면 스탈린주의는 현실적인 '상식'으로의 복귀를 표방한다.

레닌의 《국가와 혁명(The State and Revolution)》*이 지닌 폭발적 잠재력은 아무리 강조해도 지나치지 않는다. 이 책에서 "전통적인 서구 정치학의 용어와 문법은 한순간에 쓸모가 없어졌다."[2]

* 블라디미르 일리치 레닌, 《국가와 혁명: 마르크스주의 국가론과 혁명에서 프롤레타리아트의 임무》, 문성원·안규남 옮김, 돌베개, 2015.

붉은광장에서 연설하는 레닌. (1919)

이 책 발간 이후에 벌어진 일은, 마키아벨리를 다룬 알튀세르(Louis Althusser)의 책 제목을 빌려 표현하자면, **레닌의 고독**(la solitude de Lenine)이라고 부를 수 있다.* 레닌은 자기 당의 주류와 맞서 싸우면서 기본적으로 홀로 고군분투했다. 1917년의 '4월 테제'에서 레닌은 바로 그 순간(Augenblick), 즉 혁명을 향한 절호의 기회를 포착했다. 처음 레닌의 제안에 같은 당 동료 대다수는 어이없어하거나 경멸적 반응을 보였다. 볼셰비키 진영 내부에서는 주요 지도자 중 누구도 혁명을 요구하는 그의 입장을 지지

* 최종 출판된 알튀세르의 책 제목은 '마키아벨리와 우리(Machiavel et nous)'지만, 애초에 이 책의 근간이 된 파리 강연의 제목은 '마키아벨리의 고독(Machiavelli's Solitude)'이었다.

하지 않았고, 기관지 《프라우다(Pravda)》는 당과 전체 논설위원회를 레닌의 '4월 테제'에서 떼어놓으려는 특단의 조치를 취했다. 레닌은 대중의 지배적 정서를 부추기거나 이용하는 기회주의자와는 거리가 멀었고, 그의 관점은 엄청나게 우상 파괴적이었다. 보그다노프(Aleksandr Bogdanov)는 '4월 테제'를 "미친 자의 과대망상"으로 치부했고[3], 크루프스카야(Nadezhda Krupskaya) 본인은 "레닌이 아무래도 정신이 나간 것 같다."고 결론을 내렸다.[4]

1917년 2월에 레닌은 아무런 신뢰할 만한 러시아와의 연락망도 없이 취리히에 발이 묶였다. 사건 소식을 대부분 스위스 신문으로부터 얻고 있었던 사람이, 10월에는 최초의 성공적 사회주의혁명을 이끌었다. 그 사이에 도대체 무슨 일이 있었길래? 2월에 레닌은 독특한 우연적 상황의 결과로 도래한 혁명의 기회를 금방 알아챘다. 그는 그 순간을 움켜잡지 못하면 혁명의 기회는 날아가고 어쩌면 앞으로 수십 년 동안 불가능하다고 보았다. 레닌은 10월혁명을 이틀 앞두고 이렇게 적었다. "러시아와 세계 혁명 둘 모두의 승리가 이삼일 동안의 투쟁에 달려 있다." 위험을 무릅쓰고 행동으로 옮겨야 한다고 완강하게 고집하는 바람에 그는 혼자였고, 자기 당 중앙위원회 구성원 다수에게 조롱당했다. 레닌의 개인적 개입이 불가피했던 것은 맞다. 그렇다고 10월혁명의 서사를, 갈피를 못 잡는 대중을 마주하여 시나브로 자신의 비전을 관철했던 고독한 천재의 이야기로 바꾸어서는 안 된다. 레닌이 성공했던 까닭은 그의 호소가 당의 특권 지배층(노멘클라투라)을 건너뛰어, 우리가 혁명적 미시정치학이라 부르고픈 어떤 것에서 메아리를 찾았기 때문이었다. 이 혁명적 미시정치학은 풀뿌리 민주주의와 모든 러시아 대도시에서 우후죽순처럼 솟아난 지방위원회의 엄청난 폭발, 그들이 '합법적' 정부의 권위를 무시하고 자신의 손으로 일을 처리하는 정치학이다. 이것은 10월혁명의 알려지지 않은 이야기이며, 쿠데타를 성공시킨 소규모 비타협적이고 헌신적인 혁명가 집단이라는 신화의 정반대 측면을 이룬다.

그러나 쿠데타를 성공시킨 소수의 비타협적이고 헌신적인 혁명가의 집단이라는 관념은 그냥 신화에 불과한 것이 아니다. 거기에는 일말의 중요한 진실이 담겨 있다. 대중의 불만이 고조되고 혁명의 기회가 왔다는 레닌의 생각이 받아들여졌을 때, 볼셰비키 당 지도부 대다수는 민중 봉기를 조직하는 중이었다. 트로츠키는 반면 정통 마르크스주의자에게는 '블랑키주의적'으로 보일 수밖에 없는 관점, 즉 소수의 잘 훈련된 엘리트가 권력을 잡아야 한다는 입장을 고수했다. 잠시 흔들리고 난 뒤 레닌은 트로츠키를 두둔하면서 왜 그가 블랑키주의를 신봉하는 것이 아닌지 자세히 설명한다.

> 10월 17일자 편지에서 레닌은 트로츠키의 전술을 옹호했다. 그는 "트로츠키가 블랑키의 생각들로 장난치는 것

같지는 않다."고 말했다. "(블랑키의) 군사적 음모는 오직 어떤 특정한 계급의 인민이 만든 정당이 조직하지 않는 경우에만, 그 조직자들이 전반적 정치 상황과 특정한 국제적 상황을 무시할 때에만 가능한 종류의 게임이다. 어느 측면에서 봐도 개탄스러운 군사적 음모와 무장봉기의 기술 사이에는 엄청난 차이가 있다."[5]

바로 이러한 의미에서 "레닌은 '지략가', 이상주의자, 고무자, 혁명의 **기계신**이었지만, 볼셰비키 쿠데타의 전술을 개발한 것은 트로츠키였다." 진정한 대중 동원과 풀뿌리 민주주의를 옹호하는 거의 '민주주의적' 트로츠키를 받드는 나중의 '트로츠키주의적' 옹호자에 맞서, 우리는 트로츠키가 대중의 무기력함을 너무나 잘 알고 있었다는 점을 강조해야만 한다. 트로츠키는 '대중들'로부터 얻을 수 있는 최대치가 무질서한 불만이라고 생각했다. 소수의 정련된 혁명적 타격부대는 이 무질서를 이용하여 권력을 공격하고 이를 통해 대중이 실제로 스스로 조직할 수 있는 공간을 열어야만 한다. 그런데 여기서 중요한 질문이 떠오른다. 이 소수의 엘리트는 무슨 일을 하는가? 그들은 어떤 의미에서 '권력을 쟁취'하는 것인가? 트로츠키의 진면목이 여기서 드러난다. 타격부대는 궁정 쿠데타와 같은 전통적 의미에서 정부 기관과 군사령부를 점령하는 식으로 '권력을 쟁취'하는 것이 아니다. 바리케이드 너머로 경찰이나 군대를 상대하는 일에 역점을 두지도 않는다. 무슨 의미일지 알아보기 위해, 말라파르테(Curzio Malaparte)가 1931년에 쓴《쿠데타의 기술(Coup d'Etat; The Technique of Revolution)》이라는 독특한 책에서 몇 대목을 인용해보자.

> 케렌스키(Aleksandr Kerenski)의 경찰과 군 당국은 무엇보다도 내각, 공화국 의회가 있는 마리아 궁전, 두마(duma)가 있는 타브리체스키 궁, 겨울 궁전, 사령부와 같은 국가 관련 정치기구를 지키는 것에만 몰두하고 있었다. 트로츠키는 이를 눈치채고, 정부와 시 기구의 기술 기관만을 공격하게 된다. 봉기의 문제는 그에게 있어서는 기술상의 문제일 뿐이었다. 그는 다음과 같이 말했다. "근대 국가를 탈취하기 위해서는 습격대와 전문 기술자들, 즉 엔지니어의 안내를 받는 무장한 부대가 필요하다."
>
> 트로츠키는 합리적으로 쿠데타를 조직하고 있었고, 볼셰비키 중앙위원회는 프롤레타리아혁명을 조직하고 있었다. 전면적 봉기를 계획 중이었던 이들은 트로츠키에 공개적으로 반대했던 스탈린, 스베틀로프, 부브로프, 유리츠키, 제르진스키로 이루어진 위원회였다. 이들은 트로츠키가 쿠데타를 조직할 당시에도 그의 계획을 전혀 신뢰하지 않았고 10년이 지난 뒤 스탈린은 쿠데타의 모든 공적을 이들의 것으로 만들려고 했다.

…쿠데타 전야 트로츠키가 제르진스키에게 적위병은 케렌스키 정부의 존재를 철저히 무시해야 한다는 것, 기관총으로 정부와 싸우는 것이 문제가 아니라 국가를 탈취하는 것이 문제라는 것, 또 공화국의 의회와 각 부처와 두마가 봉기 전술에서는 중요성을 지니지 못하며 무장 봉기의 목표가 되지 않는다는 것, 그리고 국가에 입성하는 관건은 관료 정치 조직이나 타브리체스키 궁전, 마리아 궁전과 겨울 궁전이 아니라, 기술 조직 즉 발전소와 철도, 전신, 전화와 항구, 가스탱크와 수도 시설이라고 선언했다.*

트로츠키는 이렇게 철도, 전기, 수도, 우편 같은 권력의 물리적 (기술적) 망체계를 표적으로 삼았다. 이 체계가 없다면 국가 권력은 아무런 힘도 쓰지 못하고 작동할 수도 없게 된다. 동원된 군중은 경찰과 싸우게 두거나 황제의 겨울 궁전으로 쳐들어가게 만들며, 핵심적 공격은 소규모의 단련된 소수자가 수행한다. 이러한 절차를 두고 우리는 가련한 도덕적-민주주의적 태도로 거부감을 품기보다 오히려 이를 냉정하게 분석하고 오늘날에도 써먹을 수 있는지 생각해야만 한다. 왜냐하면, 포스트-휴먼 권력이 등장한 새로운 시대로 특징지을 수 있는 우리 삶의

* 쿠르치오 말라파르테, 《쿠데타의 기술》, 이성근·정기인 옮김, 이책, 2014. 70~72쪽.

점증하는 디지털화를 마주한 오늘날, 트로츠키의 통찰이 새로운 현실성을 획득했기 때문이다.

오늘날 디지털 네트워크는 교통에서 건강, 전기에서 수도에 이르는 모든 것을 규제한다. 웹은 오늘날 우리의 가장 중요한 공유재이다. 그렇다면 트로츠키가 개입하는 지점은 어디인가? 현대사회의 작동뿐만 아니라 통제 메커니즘도 뒷받침하는 디지털 네트워크는 오늘날 권력을 지탱하는 기술적 망체계의 궁극적 형상이다. 이 사실을 고려하면 트로츠키의 오래된 생각에 새로운 현실성이 부여되지 않을까?

트로츠키는 국가의 핵심이 정치적이고 행정적인 조직이 아니라 기술적 서비스에 놓여 있다고 보았다. 마찬가지로, 트로츠키가 우편, 전기, 철도 등을 지배하는 일이 권력의 혁명적 쟁취의 핵심 계기라고 보았던 것과 유사하게 국가와 자본의 권력을 무너뜨리기 위해서는 디지털 망체계의 '점령'이 오늘날 다른 무엇보다도 결정적이지 않을까? 트로츠키가 이 '기술의 문제'를 해결하기 위해 소수의 숙련된 "습격대와 전문 기술자들, 엔지니어의 안내를 받는 무장한 부대"의 동원을 요청했던 것처럼, 지난 수십 년이 전해주는 교훈은 이러하다. 스페인과 그리스에서 목격되는 대규모 풀뿌리 저항운동이나 정교한 정치적 비전을 지닌 정당 같은 매우 조직적 정치적 운동으로는 충분치 않다. 훈련된 암약 집단으로 구성된 소수의 헌신적 "엔지니어들"—해커, 내부고발자—의 타격부대도 필요하다. 그 집단의 임무는 디지털 망체계를 '접수'하여 현재 실질적으로 통제력을 발휘하는 기업과 국가기구의 손에서 그 체계를 탈취하는 일이 될 터이다.*

이 작업에서 위키리크스(Wikileaks)**는 단지 시작에 불과했고, 여기서 우리의 지향점은 마오이즘(마오쩌둥주의, 또는 마오주의)적 구호여야 한다. 이른바 백위제방(百维齊放)***이다. 레닌과 트로츠키도 독일 측이나 유대인 은행가의 자금을 받았다는 모함을 받지 않았던가? 그런 행위가 우리 사회의 기능을 혼란에 빠뜨리고 수백만 사람의 삶을 위태롭게 할 것이라는 두려움에 관해서는 이 사실만 명심하자. 권력을 가진 자들이야말로 저항운동을 고립시키고 봉쇄하기 위해 디지털 망체계를 선별적으로 폐쇄하는 일에 스스럼이 없을 사람들이라는 것. 대중의 불만이 대규모로 폭발할 때 첫 번째 행동은 언제나 인터넷과 휴대폰의 차단이 될 것이다.

따라서 우리는 헤겔의 보편자, 특수자, 개별자의 삼자 관계

* 트로츠키의 인용은 다음을 참조. 레온 트로츠키, 《라디오, 과학, 기술, 사회》. Leon Trotsky, *Radio, Science, Technique and Society*, Vol. 21. Moscow: MoscowStatePublishingHouse, 1927.

** www.wikileaks.org 정부와 기업 등의 비윤리적 행위와 관련 비밀 문서를 공개하는 인터넷사이트. 2006년 12월 아이슬란드의 수도 레이캬비크에서 설립되었으며, 설립자는 줄리언 어산지이다.

*** 마오쩌둥의 원문은 백 가지 꽃이 피게 하라, 즉 백화제방(百花齊放)이다. 여기서는 지젝의 뜻을 살리고 위키리크스의 중국어 표현인 '维基解密'의 어감도 고려해서 백위제방(百维齊放)으로 옮겼다.

에 해당하는 정치적 등가물을 필요로 한다. 보편자는 포데모스 스타일의 민중 봉기. 특수자는 인민의 불만을 실행 가능한 정치 프로그램으로 바꿔주는 정치 조직. 개별자는 순전히 '기술적인' 방식으로 행동하여 국가적 통제와 규제의 기능을 무력화하는 '엘리트' 전문가 집단. 이 세 번째 요소가 없다면, 처음 두 요소는 힘을 쓰지 못한다.

1. 닐 하딩, 《레닌주의》. Neil Harding, *Leninism*, Duke UP, 1996, p. 309.
2. 닐 하딩, 같은 책, p. 152.
3. 닐 하딩, 같은 책, p. 87.
4. 닐 하딩, 같은 책, 같은 쪽.
5. 쿠르치오 말라파르테, 〈볼셰비키 쿠데타와 트로츠키의 반란 전술, 1917년〉. Curzio Malaparte, "The Bolshevik Coup d'Etat and Trotsky's Tactics of Insurrection, 1917", 2010. 12. 02. http://tomclarkblog.blogspot.com/2010/12/curzio-malaparte-bolshevik-coup-detat.html (2020. 11. 20. 마지막 접속)

부자유가
자유로 통할 때

"포퓰리즘의 융성은 지표에 생긴 틈새, 거기서 흘러나오는 용암 줄기 같은 것이다. 자유주의적 합의의 붕괴와 마땅한 대안을 제시하지 못하는 좌파 무능력의 결과다. 포퓰리즘에 맞서는 첫 조치는 따라서 자유주의적 기획 자체의 약점을 비판적으로 응시하는 일이다. 포퓰리즘은 이 약점의 증상일 뿐이다. 더 중대한 진짜 위험은 다른 곳에 있다. 자유를 해치려는 위협 가운데 가장 위험한 것은 대놓고 권위주의적인 정권에서 유래하기보다 우리의 부자유 자체가 자유로 통할 때 생겨난다."

⋮

스티브 배넌(Steve Bannon—트럼프의 전 수석 보좌관)은 과거 우파 포퓰리즘 재단을 브뤼셀에 설립했다.(2018. 07. 20. 보도) 전 유럽에 걸쳐 국수주의적 포퓰리스트를 연합할 요량으로 설립한 '행동(The Movement)'이라 불리는 이 재단은 정책 제안을 연구하여 간행하며, 여론조사를 의뢰하고 문자 홍보와 데이터 표적화에 관한 전문 지식을 공유한다고 한다. 당시 80명의 직원을 고용한 이 기구의 최종 목표는 유럽의 정치적 지형을 근본적으로 바꾸는 일, 자유주의적 합의를 밀어내고 이를 자국 우선의 반이민적 민족주의로 대체하는 일과 다름없었다. 미국 여론은 2016년 미국 선거 과정에 러시아가 개입한 문제로 시끌벅적했는데, 만일 푸틴이 워싱턴에 사람을 보내 브뤼셀에 있는 배넌 같은 작자처럼 행동하게 한다면 어떨까. 여기서 우리는 오래된 역설을 마주한다. 분열을 꾀하는 분리주의 세력은 국제적 연대의 세력보다 초국가적 통합을 이룩하는 데 훨씬 능하다는 것이다. 자유주의 유럽이 패닉에 빠진 게 전혀 놀랍지 않다.

21세기 초반의 오늘날 인권, 민주주의, 개인의 자유라는 우리의 소중한 자유주의 유산이 '파시즘적' 포퓰리즘의 폭발적 증가로 위협받고 있으며 우리 모두 힘을 모아 이 위협을 멀리해야 한다는 의견이 우후죽순처럼 넘쳐난다. 이런 견해는 두 가지 차원에서 단호하게 배격해야 한다. 첫째, 포퓰리즘은 지구에 충돌한 혜성 같은 것이 아니다. (요슈카 피셔가 도널드 트럼프를 다룬 글을 보라.)* 포퓰리즘의 융성은 지표에 생긴 틈새, 거기서 흘러나오는 용암 줄기 같은 것이다. 자유주의적 합의의 붕괴와 마땅한 대안을 제시하지 못하는 좌파 무능력의 결과다. 포퓰리즘에 맞서는 첫 조치는 따라서 자유주의적 기획 자체의 약점을 비판적으로 응시하는 일이다. 포퓰리즘은 이 약점의 증상일 뿐이다.

두 번째, 더 중대한 진짜 위험은 다른 곳에 있다. 자유를 해치려는 위협 가운데 가장 위험한 것은 대놓고 권위주의적인 정권에서 유래하기보다 우리의 부자유 자체가 자유로 통할 때 생겨난다. 허용과 자유 선택이 최고의 가치로 숭상되는 까닭에 사회적 통제와 지배가 더는 주체의 자유를 침해하는 것으로 여겨지지 않는다. 통제는 자유로운 개인의 자기 경험과 다름없고 또 그 경험으로 지탱되어야 마땅한 것으로 여겨진다. 이렇게 부자유가 그와 반대되는 탈을 쓰고 등장하는 형태에는 여러 가지가 있다. 국민 건강보험 자격을 박탈당하게 되면 우리가 새로운 선택의 자유, 즉 건강보험 회사를 고를 수 있는 자유를 얻었다고들 한다. 장기 고용의 혜택을 누릴 수 없어 2년마다 새로 불안정한 직장을 구해야만 한다면, 자신을 새롭게 발명하고 우리 개인성에 잠재된 뜻밖의 창조적 역량을 발견할 기회를 얻게 되었다고들 한다. 자녀의 교육비를 지불해야만 하는 순간에는, 우리가 '자영업자'가 되어 흡사 자신이 소유하거나 차용한 자원을 교육,

* 요슈카 피셔, 〈트럼프주의에 대한 현실주의〉. Joschka Fischer, "Realism about Trumpism", Project Syndicate, 2017. 02. 17. https://www.project-syndicate.org/commentary/trump-crisis-international-relations-by-joschka-fischer-2017-02?barrier=accesspaylog (2020. 11. 20. 마지막 접속)

건강, 여행 등에 어떻게 투자할지 자유롭게 선택할 수 있는 자본가처럼 행동할 수 있게 되었다고들 한다. 강요된 '자유 선택'의 집중포화를 시도 때도 없이 맞으며, 대부분 판단에 필요한 제대로 된 자격이나 관련된 정보도 충분히 지니지 못한 채 선택에 내몰려, 우리는 자유가 감당할 수 없는 불안을 안겨주는 짐이 되었음을 차츰 실감한다.*

게다가 우리의 행위와 수동적 반응 대부분은 모종의 디지털 클라우드 시스템에 또한 등록되어 있는데, 그 시스템은 이제 우리의 행동뿐만 아니라 정서적 상태까지도 추적함으로써 우리를 항구적으로 평가한다. 모든 것이 제공되는 웹에서 한가로이 노닐며 가장 자유롭다고 느낄 때 우리는 완전히 '외면화되어' 교묘하게 조작되고 있다. 디지털 네트워크는 '개인적인 것이 정치적이다(personal is political).'라는 오래된 명제에 새로운 의미를 부여하고 있다. 여기서 문제가 되는 것은 우리의 내밀한 삶의 통제만이 아니다. 교통에서 건강, 전기에서 수도에 이르는 모든 것이 오늘날 모종의 디지털 네트워크의 규제를 받는다. 웹이 오늘날 우리의 가장 중요한 공유재인 까닭이 여기 있으며, 웹을 통제하기 위한 투쟁이 오늘날의 투쟁 그 자체인 이유이기도 하다. 우리의 적은 민영화되거나 국가가 통제하는 공유재, 구글과 페이스북 같은 기업, 국가안보 기구들(NSA)의 연합체다. 이 사실

* 슬라보예 지젝, 앞의 책, 2020, 52~53쪽.

하나만으로도 대표 권력이라는 낡은 자유주의적 관념이 얼마나 불충분한지 드러난다. 시민이 자신의 권력 일부를 국가에 위탁하지만, 이 대리 권력은 법의 제약을 받는다는, 즉 인민이 주권의 궁극적 뿌리이며 인민이 마음먹으면 권력을 폐기할 수 있기에 대리 권력의 행사에 있어서 꼭 정해진 조건에 속박되어야 한다는 관념 말이다. 다시 말해, 권력을 지닌 국가는 주요 권력인 인민이 어느 때라도 폐기하거나 바꿀 수 있는 계약, 곧 우리 각자가 우리의 양식을 구입할 수 있는 슈퍼마켓을 바꿀 수 있는 것과 기본적으로 다를 게 없는 그런 계약의 하위 당사자일 뿐이라는 관념 말이다.

자유주의와 그 위대한 적수인 고전 마르크스주의는 모두 국가를 자본의 재생산이라는 필요에 복종하는 하위 메커니즘으로 환원하는 경향이 있다. 그런 식으로 둘 다 경제 활동에서 국가 기구가 차지하는 적극적 역할을 폄하한다. 그 어느 때보다 오늘날이야말로 국가를 통제하는 '사악한 늑대'라고 자본주의를 물신화해서는 안 된다. 국가기구는 경제 과정의 심장부에서 맹활약 중이다. 그저 자본의 재생산을 위한 법적인, 그리고 다른 교육 및 환경의 조건을 보장하는 것 이상의 일을 수행한다. 여러 다른 형태로 국가는 경제의 직접적 주체로 활약한다.

국가는 은행을 파산시키고, 특정 산업을 지원하며, 방위 및 기타 장비를 주문한다. 오늘날 미국에서는 국내 생산의 절반 정도가 국가에 연관되어 있는데, 한 세기 전에는 이 비율이 5에서

10퍼센트 정도였다.

앞서 트로츠키는 우편, 전기, 철도 등을 지배하는 일이 권력을 혁명으로 쟁취하는 핵심 계기라고 보았다. 이와 흡사하게 오늘날 국가와 자본의 권력을 무너뜨리려면 디지털 망체계의 '점령'이 필요하다. 우리의 공유재를 통제하는 자들이 공포와 분노에 휩싸여 어산지(Julian Assange—호주 출신의 활동가. 출판편집자. 2006년 내부고발 웹사이트 위키리크스를 만들었다.)를 대했던 사실은 바로 그러한 행동이 심기를 건드린다는 증거다. 위키리크스는 단지 시작에 불과할 뿐이고, 앞으로 이 싸움에서는 지저분한 반격이 많아질 것이다. 그래서 여기 공감하는 측은 (어산지가 푸틴을 위해 일한다는 식의 역공처럼) 적의 손에 놀아났다는 비난을 받을 터이지만, 그런 일에 단련될 필요가 있고 둘 모두를 무너뜨리기 위해 무자비하게 한쪽을 다른 쪽과 대립시키는 식으로 이자까지 쳐서 반격하는 법을 터득해야만 한다. 아니면, 1968년 이래 잘 알려진 용어로 이렇게 말해보자. 68혁명의 핵심 유산을 간직하기 위해서 자유주의는 급진 좌파로부터 형제의 도움을 필요로 한다.

4부

문화와 권력

그렇지, 문제는 정말 권력이야!

"여성을 상대로 무자비하게 군림하는 태도 역시 대체로 낡은 이데올로기적 패턴— 우리의 일상생활과 실천에 스며든 이데올로기라는 뜻에서— 의 일부이다. 그렇지만 여기서 문제가 생겨난다. 한 가해자가 실제로는 이데올로기적 문화의 패턴에 발맞춰서 행동했을 뿐이라면, 정확히 어떤 의미에서 자신의 행위에 주관적으로 책임이 있으며, 죄를 지었다고 볼 수 있을까?"

⋮

아비털 로넬(Avital Ronell)이 고소당한 사건을 두고 나는 두 편의 글을 썼다. 내 글에 대한 비판적 대응을 관통하는 핵심 주장은 내가 강단 내의 권력 놀음을 무시하거나 이해하지 못한다는 것이다.* 교수, 특히 논문 지도교수는 학생과 조교에게 권력을 행사한다. 그들의 경력과 취업 전망을 깡그리 쥐락펴락하는 권력 말이다. 이게 사건의 요체인가? 나는 권력 놀음을 완전히 무시하자는 것이 아니다. 단지 이 사태에서 권력이 어떻게 작동하는지 우리가 조금 더 자세히 살펴봐야 한다는 입장이다.

물론 아비털이 자신의 고소인과 별나게 가까운 관계를 맺은 건 커다란 실수다. 그러나 그녀에게 동정적인 한 사람이 말했듯이, 큰 실수지 범죄는 아니다. 이 관계 자체가 그릇된 것은 아니지만, 학생과 지도교수 사이라는 점은 문제다. 비판을 지적하는 사람들의 눈에는 이 사실만으로도 최종 판단을 내리기에 충분하다. 아비털은 자기 학생을 착취하고 모욕하는 일에 거침없이 권력을 행사했다. 내가 보기에는 여기서부터 문제가 생긴다. 제도상으로, 아비털에게 그는 권력을 행사할 수 있는 아랫

* 아비털 로넬은 미국 뉴욕대학교 비교문학과의 교수이며 철학자로 세계적으로 이름이 알려져 있다. 2017년 9월, 당시 하버드대학교 방문연구원이던 제자 님로드 라이트먼(Nimrod Reitman)은 2012년부터 3년간 스승인 로넬 밑에서 여러 차례 성폭력을 당했다고 주장했다. 학교 측은 8개월 만인 2018년 5월 성폭력의 충분한 증거가 발견되지는 않았지만 "부적절한 신체 접촉"은 존재했다고 밝혔으며, 로넬에게 한 학기 정직 처분을 내렸다. 라이트먼은 학교의 조치에 불복하여 2018년 8월 로넬과 학교를 상대로 소송을 냈다. 이 사건이 논란으로 번진 것은 2018년 8월 주디스 버틀러와 지젝을 비롯한 철학자 50여 명이 로넬을 위해 공개적으로 뉴욕대학교 총장에게 편지를 보냈기 때문이다. 이들은 로넬의 인격을 믿으며 알려진 것과 같은 성폭력을 일삼을 학자가 아니기에 선처를 호소한다고 말했다. 이를 두고, 남녀의 위치가 뒤바뀌었을 뿐인데 소수자의 권리를 옹호하던 학자들이 성폭력 남성을 옹호하던 보수주의자와 다름없는 시각을 보인다는 날선 비판이 나왔다. 버틀러는 공개사과했고, 지젝은 이 글에서 이 사건에 대한 자신의 입장을 밝히고 있다.

사람이었다. 미디어에서는 아비털을 학생에게 전임 자리를 주거나 장래를 쥐락펴락할 힘을 지닌 강단의 거물 학자인양 취급한다. 내가 아는 아비털은 이와 다르다. 내가 아는 한 그녀는 뉴욕대학교에 적이 많고 (몇몇은 그쪽에 내 이름도 올리려고 했다.) 한 흑인 학생은 수업 중에 "아름다운 갈색 여인들"을 언급하는 휠덜린의 시를 거론했다는 이유로 그녀를 인종차별주의자라고 비난했다. 맞다. 뭇사람이 말하듯 그녀는 '나쁜년'일 수 있다. 하지만 매우 헌신적이고 유익한 사람일 수도 있다. 사정을 살펴보려면, 구할 수 있는 한에서 공개된, 서로 주고받은 편지를 읽어보면 된다. 그 편지에 나타나는 아비털의 면모는 까탈스럽고, 괴롭힘과 간섭이 심하며, 재기가 번득이고, 은근하며, 예민하다. 하지만 동시에 잘 챙겨주고 도와주는 편이다. 무엇보다도 아주 불안정해서 그렇게까지 신경 쓸 일이 아니란 것을 알면서도 의례적으로 건네는 말들—"너는 그럴 맘이 아니겠지만, 그냥 그런 척이라도…"처럼 쓰는 식으로—에 거의 필사적으로 집착한다. 이 모습은 권력 행사로 가학적 즐거움을 느끼는 위압적 선생은 아니다.

고소인으로 말하자면, 그가 아비털에게 보낸 메시지를 가능한 읽어보길 권하고 싶다. 특히 다른 사람에게 메시지를 보내 아비털에 대한 불평을 늘어놓던 시점부터의 메시지를 읽어볼 필요가 있다. "당신이 없었다면 어떻게 여기까지 왔을지 모르겠어. 당신은 최고, 내 기쁨, 내 기적이야. 당신에게 한없는 사랑과

입맞춤과 헌신을 보내. 당신의 n." "사랑하는 당신, 오늘 밤 만나 같이 시간을 보내서 너무 행복해. 너무 신기하고 소중하고, 모든 면에서 더할 나위 없어. 우리가 같이하는 친밀함은 베를린에서 보낸 시간에 걸맞은 찬란한 마무리 같았어. 같이 보낸 이 오롯하고 순전한 사랑의 순간들이 고마울 따름이야. 언제까지나 함께 할 n." "나의 가장 소중한 축복이어서 고마워. 사랑하는 당신의 n." "사랑하는 당신, 동양으로 떠난 여행 내내 소식을 듣지 못했네. 걱정하고 있으니까 잘 지내는지 소식 한 줄 남겨줘요… 당신 품을 그리며, n." 고소인의 모친은 아비털을 이스라엘에서 치른 누이의 결혼식에까지 초대했다. 또 그의 논문 감사 글에는 이런 표현도 있다. "아비털의 가르침, 꼼꼼한 읽기, 자상한 도움 … 그리고 내 모든 변덕스러움을 끊임없이 들어준 일에 고마움을 표합니다."

이러한 말과 행동이 권력을 지닌 인물에 극심한 두려움을 지닌 무기력한 학생의 것일까? 아비털의 까탈스러움에 대해 덧붙이자면 떠도는 평판은 이미 잘 알려진 것들이다. 아비털을 지도교수로 택한 어떤 친구가 그 소문을 못 들었을 리가 만무하다고 생각한다. 고소인의 말과 행동은 자신의 경력을 쌓는 데 도움이 된다면 여지없이 기회를 잡고 게임을 벌인 인물의 그것에 더 가깝다고 본다. 그 게임에서 될 수 있는 한 많은 것을 짜내려고 애쓰고 나서는—보낸 이메일에서 그가 얼마나 자주 자기 글의 첨삭과 논평을 부탁했는지 주목해보자!—그에게 보장된 전임 자리가 없다는 게 분명해지자 지도교수에게 등을 돌려버렸다. 이는 미국에서 벌어지는 학계의 게임 일부로서 한 교수가 지도한 학생이 성공을 거두는 경우 교수의 평판이 더해진다. 아비털은 고소인의 논문들이 출판되고, 짧은 시간에 박사학위를 받고, 세 군데에서 근사한 박사후과정을 밟는 데 분명 도움을 주었다. 그러니 아비털과 고소인의 사건은 권력이 연루된 사건이 맞다. 거의 자기 파괴적인 관계를 맺은 교수와 그 상황을 가차 없이 이용하고는 자신의 힘을 상대에게 행사하여 끝맺은 학생이 얽힌 권력 사태이다.

아비털과 고소인의 관계는 권력이 미국의 학계에서 어떻게 작용하는지 보여주는 아주 비전형적인 사례이다. 이 사건은 자기 확신에 찬 교수가 학생들을 성적으로 혹은 직업적으로 무자비하게 착취하는 전형적 사례와 거리가 먼, 복잡하고 특이한 경우다. 거대 언론이 큰 관심을 기울인 이유도 이 때문일 것이라고 본다. 학계에서 벌어지는 권력 남용의 전형적 사례에 흥미진진하고 기이한 사례를 더해, 널리 퍼진 '정상적' 권력 남용의 의미를 흐리기 위해서이다.

로넬 사건을 결론짓는 개략적인 논평 두 마디

아비털 로넬 사태를 다룬 내 글에 비판적으로 응답한 경우 반복되는 두 개의 주장이 있다. 내 생각엔 그 반응들이 우리가 처한 난감한 상황을 보여주기에 짧게 논평할 필요를 느낀다.

첫 번째, 비판의 요지는 이렇다. 만일 이 사건이 성희롱이고 물리적 증거나 제삼자의 증언이 없어서 양쪽 입장만 옥신각신하기에 피해자를 믿어야 하는 경우라면, 피해자가 희롱이라고 주장하면 그 행위는 가해자의 의도와 상관없이 성희롱에 해당한다는 이야기다. 물론 이 주장을 심각하게 받아들여야 할 충분한 근거들이 있다. 피해자는 구조적으로 약자의 위치에 있고, 지배 이데올로기는 '신경질적인' 여자들의 불평을 너무 심각하게 받아들이지 말라고 편견을 주입한다.

그러나 이에 반대되는 이유도 충분하다. 피해자를 자처하는 인물이 거짓말하고 조작할 수도 있다는 명백한 이유 때문만은 아니다. 역설적인 일은 피해자가 스스로 피해자로 인식조차 못하는 극단적 사례가 가장 처참한 피해 사례라는 점이다. 피해자가 자신의 불리한 처지에 너무나 동화되었기 때문이다. 속한 공동체의 일원이 될 기회라고 생각해 스스로 음핵절제술(clitoridectomy)을 받으려는 한 여성이 어떤 면에서는 거기에 저항하는 여성보다 더 피해를 입는 것은 아닐까? 관계가 지속되는 동안에는 남성과 자신의 관계에 아무런 문제가 없다고 느끼던 여성이, 페미니즘적 각성을 하고 난 뒤에야—어떤 때는 몇 년 후에—저항하고 공표하기 시작하는 사례를 우리는 전혀 놀랍지 않게 자주 접한다.

(피해자가 가해자의 행위를 어떻게 겪었는지에 반해서) 성희롱을 가해자의 의도에 한정하는 일 역시 문제적이다. "미안해, 하지만

내 행동에 나쁜 의도는 전혀 없었고 누구를 해치게 될 거라고 생각하지 못했어."라는 가해자의 변명이 새빨간 위선일 수 있다는 명백한 이유 때문만은 아니다. 여성을 상대로 무자비하게 군림하는 태도 역시 대체로 낡은 이데올로기적 패턴—우리의 일상생활과 실천에 스며든 이데올로기라는 뜻에서—의 일부이다. 그렇지만 여기서 문제가 생겨난다. 한 가해자가 실제로는 이데올로기적 문화의 패턴에 발맞춰서 행동했을 뿐이라면, 정확히 어떤 의미에서 자신의 행위에 주관적으로 책임이 있으며, 죄를 지었다고 볼 수 있을까? 가해자가 전적으로 유죄라고 추정할 때 우리는 "객관적 유죄"라는 스탈린식 관념에 지나치게 밀착되어 있는 것은 아닐까?

가해자의 의도와 피해자 체험 간의 복잡한 관계는 다음과 같은 현상에서 선명하게 확인할 수 있다. 바로 영국 노동당 내부에서도 작동한다는 반유대주의를 둘러싼 지속적인 논쟁이다. 사설에 투영된《옵서버(Observer)》의 입장은 다음과 같다.

> 노동당은 국제홀로코스트추모연합(IHRA)의 정의가 이스라엘 정부에 대한 정당한 비판을 배제할 위험이 있다고 주장한다. 그 주장은 이치에 맞지 않는다. 추모연합은 반유대주의의 조짐에 '유대민족 집합체로 간주되는 이스라엘 국가를 겨냥한 것도 포함할 수 있다. 다만 여타 다른 국가에게 공개적으로 한 것과 유사한 이스라엘 비판이라

> 면 반유대주의라고 볼 수 없다.'고 말한다. / 노동당의 대안적 정의에 따르면 이스라엘 비판은 '특정한 반유대적 내용—예컨대 반유대적 비유를 사용할 경우—이나 반유대적 의도를 입증할 다른 증거가 수반되지 않는 한' 반유대주의로 여겨질 수 없다는 것이다. 이는 스티븐 로렌스(Stephen Lawrence)가 살해된 와중에 채택된 맥퍼슨 원칙(Macpherson principle), 즉 인종차별적 사건은 피해자가 차별적이라고 느끼는 경우다, 라는 원칙에 어긋난다. 의도가 리트머스 시험이 되어서는 안 된다.[1]

(덧붙이자면, 노동당은 현재 추모연합의 반유대주의 정의를 받아들인 것으로 보인다.) 나는 의도를 거론하는 일이 충분치 않다는 데 동의한다. 그러나 "유대민족 집합체로 간주되는 이스라엘 국가를 겨냥한" 비판 역시 반유대적이라는 주장은 많은 문제를 야기한다. 이 주장을 받아들이면 이스라엘 국가 정치를 향한 정당한 비판이 어떻게 반유대주의적인 것으로 차단당할 수 있는지 쉽게 알게 된다. 최근까지도 이스라엘과 팔레스타인 양국체제 해결방안은 유엔, 미국, 이스라엘이 공식적으로 승인한 해결책이었다. 이를 대체하는 방안이 거대 언론에 의해 점차 더 공개적으로 표방되고 있다. 《이스라엘 해법: 중동의 평화를 위한 일국체제 방안(The Israel Solution: A One-State Plan for Peace in the Middle East)》*의 저자인 캐롤라인 글릭(Caroline B. Glick)은 최근 《뉴욕타임스》에 실

은 〈팔레스타인 국가는 없어야 한다〉는 칼럼에서 이렇게 주장했다.

> 팔레스타인 국가를 인정하자고 제안하는 사람들은, '팔레스타인'을 승인함으로써 평화의 대의에 이바지하고 있지 못하다는 사실을 알고 있다. 그들은 이스라엘의 패망을 추진하는 것이다. 자유와 평화에 약간의 관심이라도 있다면 유럽인들은 정반대로 행동했을 것이다. 그들은 그 지역에서 유일하게 자유와 평화를 누리는 안정된 지대인 이스라엘을 강화하고 확대하기 위해 노력했을 것이다. … 이스라엘을 붕괴해 테러 국가로 대체하려는 일을 도모하는 이중화법에 불과한 이 사이비 양국체제 해결방안을 폐기했을 것이다. … 전략적 맹목성과 도덕적 타락이 이스라엘을 향한 유럽 정책의 두 이정표로 채택된 이상 이스라엘과 지지자들은 '팔레스타인'을 승인하자는 추진 계획에 얽힌 진실을 말해야만 한다. 이는 평화와 정의의 문제가 아니다. 과연 이스라엘을 증오하고 이스라엘의 소멸을 가장 적극적으로 추진하는 세력을 도울 것인가의 문제이다.[2]

* Caroline B. Glick, *The Israel Solution: A One-State Plan for Peace in the Middle East*, Crown Forum, 2014.

공식적인 국제 정책이었고 지금도 여전히 유지되는 입장을 이렇게 이스라엘 멸망을 꾀하는 영수증으로, 무자비한 반유대주의의 표현으로 대놓고 거부한다. 이러한 태도가 극단적 소수파의 시각이기는커녕 지난 수십 년간 진행된 요르단강 서안지구의 점진적 식민화의 전략적 지향을 적나라하게 드러낼 뿐이라는 점은 분명하다. 새 정착지를 요르단 국경에 가까운 동쪽에 대규모로 배치하는 일은, 요르단강 서안의 팔레스타인 국가가 불가능하다는 사실을 명확히 드러낸다.* 나아가 "유대민족의 집합체로 간주되는 이스라엘 국가를 표적으로 삼는 일" 그 자체를 반유대적으로 받아들이면, 유대인만 온전한 권리를 지닌 시민으로 대우하는 일종의 아파르트헤이트(인종분리)를 도입한 새 법적 조치를 비판하는 일도 전부 거부해야만 하는 걸까? 그런 모든 비판은 어떤 의미에서든 "유대민족 집합체로 간주되는 이스라엘 국가"를 실질적 표적으로 삼기 때문이다.

《옵서버》 사설의 마지막 주장, 즉 "맥퍼슨 원칙"—인종차별적 사건은 피해자가 차별적이라고 느끼는 경우다.—을 환기한 것을 두고는 이렇게 물어야만 한다. 만일 유대인이 반유대적이라고 느끼는 경우 반유대적 사태인 게 타당하다면, 팔레스타인 사람과 그들의 저항도 사정은 마찬가지가 아닐까? 팔레스타인 사람에 대항한 인종차별적 조치도 그들이 그렇게 느낀다면 차

* 슬라보예 지젝, 앞의 책, 188~189쪽.

별적이라고 말해야 타당하지 않을까? 팔레스타인 국가를 부정하는 시온주의자의 표준화된 절차의 경우는 어떨까? "인종차별적 사건은 피해자가 차별적이라고 느끼는 경우다."라는 원칙에 맞선 최종의 분명한 주장, 즉 반유대주의자가 스스로 유대인 지배—유대인이 은밀하게 세계를 조종한다 등의—의 희생자라고 인식하는 입장. 이 경우 "피해자 인식"은 분명 허위이다.

두 번째 주장, 내가 보기에 어쩌면 가장 서글픈 주장은 아비털의 고소인이 경력을 운운한 일이다. 이는 이 사건에서 (고소인의) 행위를 문제가 없는 것으로 치부하기 위해 거론된다. 나는 고소인을 모르고, 만난 적도 없으며, 공개되어서 읽을 수 있는 이메일을 빼고는 그가 쓴 글을 읽지도 못했다. 내 입장의 요지는 이렇다. 그가 말한 모든 것, 아비털에게 역겨움을 느끼고 억압을 받았다는 것 등을 사실이라고 가정해보자. 그렇다면 왜 그는 아비털의 메시지에 충분히 화답했으며 때로는 감정을 고양하기까지 했는가? 그는 마치 당연하다는 듯 반복해 경력을 거론하며 자신을 변호했다.

이 입장은 경력을 들어 정당화할 수 있고 정말로 결백한가? 이쯤 되면 내가 미국의 학계에서 작동하는 권력의 향배를 이해하지 못한다는 비판이 예상된다. 이것만큼 잘못된 것이 없다. 졸업 후인 1970년대부터 최근까지 나는 예의 마르크스주의자가 아니라는 이유로 몇 년간 자리를 잡지 못한 상태였다. 이때

나의 '문제적인' 입장—정치적 공정성에 대한 비판적인 태도 등—으로 인해 미국 학계와 언론으로부터 배척되다시피 했고, 권력이 그 모든 가면을 통해 어떻게 작동하는지 지켜볼 수 있었다. 나는 사람들이 영웅적이 되길 기대하지 않는다. 단지 누구든 위반하지 말아야만 하는 직업적(말하자면 어떤 이론적 입장이 있다면 그걸 드러내는 일)이면서도, 또 개인적인(고소인처럼 혐오를 느끼는 어떤 사람에게 열정적인 사랑의 이메일을 쓰는 일) 어떤 한계선이 존재한다고 생각할 따름이다.

나는 지금 미국의 학계에서 느낀 내 경험에 바탕을 두고 일반적 진술을 하고 있다는 점을 강조하고 싶다. 20여 년 전, 라캉의 '아버지의 이름'이 한 역할을 거론하며 라캉주의자는 지배 가부장제의 이데올로그인 반면 젠더이론가는 주변적이고 전복적이라고 주장했던 유명한 젠더이론가와 (공적이지 않고 사적인) 대화를 나누고 있었다. 나는 학계에서 엄청난 권력을 행사하는 젠더이론가들과 대비해서 탄탄한 학계의 위치를 점하고 있는 라캉주의 이론가가 있다면 한 명이라도 거명해보라고 맞섰다. 그가 내게 돌려준 이름 하나는 드루실라 코넬(Drucilla Cornell)이었다. 놀란 나머지 나는 얼마 전 뉴욕의 한 학회에서 코넬의 논문은 데리다의 입장에서 라캉을 강하게 비판한 것이었다고 답했다. 그 젠더이론가가 내 말을 끊고, "코넬은 라캉주의자야. 경력 때문에 그렇게 했을 뿐이지."라고 대꾸했을 때는 더더욱 놀랐다.

나를 혼란케 한 것은 두 가지였다. 첫째, 문제의 당사자는 스스로 반라캉주의자라고 천명하고, 자기 글에서 일관되게 라캉을 비판했다. 그런데도 내 대화 상대자는 순전히 라캉주의자가 학계에서 권력을 지녔다는 이야기를 하려고, 어떻게 그 당사자가 라캉주의자인지 판단할 권력이 자기에게 있다고 생각하게 되었을까. (오해를 피하자면, 이러한 비난은 단지 건실한 데리다주의자인 코넬 자신과는 아무런 관련이 없다.) 둘째, 경력을 거론하는 일이 어떻게 아무런 윤리적 의심도 없이 작동하는가. "경력 때문에 그렇게 했을 뿐이지."라는 말은 너무나 분명한 근거로, 일말의 부끄러움도 없이 흘러나왔다. (아울러, 이 언쟁은 미국 학계의 희한한 관행을 드러낸다. 이는 '주류 가부장주의적' 라캉주의자가 자신의 경력을 쌓기 위해서는 '주변적' 해체주의자인양 행세해야 한다는 것을 뜻한다. 코넬처럼 영향력 있는 인물의 경우에도 마찬가지라는 말이다.)

덧붙이는 말로 마무리하자면, 지난 몇 주 동안 십수 명의 친구와 '학형들은' 내게 아비털 사건을 다룬 메시지 때문에 경력에 해를 입게 될 거라고 경고했다.

1. 〈노동당과 반유대주의에 대한 옵서버의 견해〉. "The Observer View on Labor and Antisemitism", *The Guardian*, 2018. 09. 02. https://www.theguardian.com/commentisfree/2018/sep/02/observer-view-labour-and-antisemitism (2020. 11. 20. 마지막 접속)

2. 캐롤라인 글릭, 〈팔레스타인 국가는 없어야 한다〉. Caroline B. Glick, "There Should be No Palestinian State", *The New York Times*, 2014. 12. 05. https://www.nytimes.com/roomfordebate/2014/10/16/should-nations-recognize-a-palestinian-state/there-should-be-no-palestinian-state-23 (2020. 11. 20. 마지막 접속)

콘센티콘의 신세계에 온 것을 환영합니다

"'하우스 오브 예스'를 옹호하는 사람들은 개별 사람이 자신들의 이기적 공격성을 내려놓을 것이기 때문에 콘센티콘이 더는 필요하지 않은 미래의 상황을 꿈꾼다. 그러나 정신분석의 가르침에 따르자면, 마조히즘과 사디즘, 즉 쾌감에 고통이 따르는 그 모든 형태는 인간 성생활의 필수적인 요소이지 순수하고 합의에 따르는 쾌락을 방해하는 사회적 지배의 부차적 효과가 아니다."

⋮

극우 보수주의자는 정치적 올바름의 과잉을, 서구식 생활방식의 도덕적 기반을 잠식하려는 문화적 마르크스주의의 파괴적 영향력 탓으로 돌린다. 그러나 이 '과잉'을 좀 더 자세히 들여다보면 그와는 정반대다. 그것은 수십 년 전 제임슨이 문화 자본주의(cultural capitalism)라고 부른 것*이 무소불위로 지배하는 징후라는 것을 쉽게 알 수 있다. 이 문화 자본주의는 새로운 자본주의 단계로서, 문화가 더는 경제의 상층부에 세워진 이데올로기적 상부구조의 한 영역으로 기능하지 않고, 끊임없이 확장하는 자본 재생산의 핵심 성분이 되어버린다.

문화 자본주의, 즉 인간의 내밀한 삶의 상품화를 가장 선명하게 상상할 수 있는 사례를 들어보자. 브루클린 팝에서 유래한 '하우스 오브 예스(House of Yes)'라는 클럽의 이른바 '콘센티콘(consenticorn)'이 갑자기 성황을 이룬 일이 있다. 이 클럽은 《타임아웃》지가 뽑은 세상에서 가장 가보고 싶은 곳 순위에서 2등을 차지했고 "지구상에서 가장 잘나가는 나이트클럽"으로 묘사되었다.

'하우스 오브 예스'에서 손님들은 전라 목욕에서 드렉 레슬링에 이르기까지 뭐든지 할 수 있었다. 하지만 '합의(consent)' 규정만은 엄격하게 준수해야만 한다. 이 합의는 궁극적으로 '콘센티콘들'이 강제하는데, 이들은 반짝거리는 유니콘 뿔을 쓰고 있는 '합의 수호자들'이다. 그들의 역할은 고객의 상호반응을 주시

* 프레드릭 제임슨, 《포스트모더니즘 또는 후기자본주의 문화 논리》. Fredric Jameson, *Postmodernism, or, The Cultural Logic of Late Capitalism*, Duke University Press, 1992.

하면서 누군가가 안전하지 못하다고 느끼는 조짐이 있는지 관찰하는 것이다. 대부분은 눈을 맞추는 것으로도 소란을 막기에 충분하다. 때로는 더 직접적으로 관여하기도 한다. "저기, 다들 괜찮으신 거죠? 괜찮죠?" 무언가 문제될 만한 상황을 포착하면, 그 커플에게 춤을 추며 다가가서 둘 사이에 끼어들기도 하면서 부드럽게, 그러나 단호하게 규정이 계속되게 만든다.

'하우스 오브 예스'를 추진하게 한 발상의 고안자는 밤문화 기획자인 아냐 사포즈니코바(Anya Sapozhnikova)이다. 그녀는 거기서 자신의 서른두 번째 생일파티를 대규모로 치른 후 짧은 소감에서 '하우스 오브 예스'가 실현하고자 하는 유토피아를 설명했는데, 그 마술적인 장소가 실현되면 콘센티콘들은 사라질 것이라고 했다. "성(性)이 찬양받는 세상을 떠올려봐요. 평등과 포용이 주류라고 가정해봐요. 사람들이 서로를 물어뜯기보다 같이 춤을 추는 그런 곳을 상상해봐요."[1] 또는 마다위(Arwa Mahdawi)가 《가디언》에서 논평했듯이, "'하우스 오브 예스'의 성공은 우리가 합의를 엄격하게 지킬수록 모두가 더 많은 즐거움을 얻는다는 사실을 상기시키는 중요한 사례다."[2]

나로서는 그런 장소를 상상조차 하고 싶지 않다고 털어놔야겠다. 우리는 내밀한 성적 즐거움을 얻는 일을 이야기하는 참이었는데, 마다위 주장의 요지는 오늘날의 사회에서 순전한 즐거움을 위해 요구되는 합의가 오직 엄격한 통제로 강제될 수밖에 없다는 것, 통제가 더 엄격할수록 모두가 더 많은 즐거움을 얻는다는 이야기다. 나아가 우리 대다수는 여전히 은밀한 성적 상호 행위를 선호하는 반면, '하우스 오브 예스'는 집단 파티 같은 특정한 형태의 성적 상호 행위를 한다. 여기서 심술궂은 상상력을 한번 발휘해본다면, 누군가 콘센티콘에게 한 커플의 성적인 상호 행위를 관찰하고 통제해달라는 제안도 할 수 있지 않을까?

그렇다. '하우스 오브 예스'를 옹호하는 사람들은 개별 사람이 자신들의 이기적 공격성을 내려놓을 것이기 때문에 콘센티콘이 더는 필요하지 않은 미래의 상황을 꿈꾼다. 그러나 정신분석의 가르침에 따르자면, 마조히즘과 사디즘, 즉 쾌감에 고통이 따르는 그 모든 형태는 인간 성생활의 필수적인 요소이지 순수하고 합의에 따르는 쾌락을 방해하는 사회적 지배의 부차적 효과가 아니다. 따라서 우리는 합의에 따른 사도-마조히즘과 억압적인 사도-마조히즘을 구분할 수 있는 콘센티콘들을 필요로 하는데, 이 구별은 불가능한 임무다.

비교를 좀 더 확대해볼 수도 있다. 정신분석의 가르침은 노출증에서 제3의 목격자, 내 성적 상호 행위를 지켜보는 그의 응시가 내 쾌락의 조건이라는 것이다. 그러니 내가 충분히 즐기기 위해 콘센티콘을 원한다면 어떻게 될까? 콘센티콘이 나와 내 파트너의 에로틱한 상호 행위에서 나를 나무라는 목격자로든 혹은 또 하나의 적극적 파트너로든 관여하기를 원한다면 어떨까? 정신분석의 기본 입장은 통제와 억압을 행하는 통제의 행위자가 그 자체로 쾌락의 근원이 될 수 있다는 것이다. 다시 말해, '하우스 오브 예스'의 전체 비전은 프로이트의 가르침에 대한 완전한 무지에 바탕을 두고 있다.

1. 에런 겔, 〈코스튬, 콘센티콘과 밤문화의 새로운 규칙들〉. Aaron Gell, "Costumes, Consenticorns and the New Rules of Nightlife", gen.medium.com, 2018. 10. 05.
https://gen.medium.com/kavanaugh-consent-and-the-new-rules-of-nightlife-14fb8a5759f0 (2020. 11. 20. 마지막 접속)

2. 아르와 마다위, 〈#미투는 사교와 재미의 종말이 아니다〉. Arwa Mahdawi, "#MeToo doesn't mean an end to socializing and fun", *The Guardian*, 2018. 12. 22.
https://www.theguardian.com/commentisfree/2018/dec/22/metoo-movement-office-parties-decline-weinstein-moonves (2020. 11. 20. 마지막 접속)

왕실 결혼에 숨겨진 해방적 맥락

"정치학은 자신의 이해관계를 추구하는 일에만 관련되어 있지 않다. 좀 더 근본적 차원에서 우리 이해관계의 틀을 규정하는 공통의 정체성이라는 전망을 제공하는 일과 연관된다. 스탈린은 말할 것도 없고 히틀러가 거행한 대규모 대중 집회들을 비난할 때도 마찬가지다. 거대한 나치 공연을 조직하는 과정에서 히틀러가 사회민주주의적이고 공산주의적인 대중 행사를 모방—당연히 변형했다.—했다는 사실을 결코 잊으면 안 된다."

⋮

2018년 5월 19일에 영국 왕실 결혼이 있었다. 행사가 끝났으니 이제 비판적으로 들여다볼 차례다. 좌파 논객들이 옳았지만 잘못된 이유에서 그렇다. 그들은 메건(Meghan Markle)이 정이 많고, 페미니스트이며, 흑인이라고 인정했지만, 숭배받는 군주제의 형식에는 반대했다. (납세자들의 세금이 쓰인다는 몇몇 불만은 일단 무시해보자.) 이들이 이해하지 못한 것은 군주제의 형태, 한 공동체의 사회적 연계를 활성화하는 거대한 대중 의례 형식에 해방적 측면이 있다는 점이다.

이 점을 설명하려면 우리는 노발리스(Novalis)로 되돌아가야

영국 해리 왕자와 그의 아내인 메건 마클 왕자비.

한다. 노발리스는 독일 낭만주의의 핵심 인물로서 대체로 낭만주의의 보수적 회귀를 대표하는 인물로 알려져 있지만, 그의 입장은 훨씬 더 역설적이다. 노발리스는 군주제가 최고의 공화제 형식이며, "공화국 없이 군주는 없고, 공화국은 군주 없이 존재하지 못한다."고 했다. 또 네이선 로스(Nathan Ross)의 요약을 인용해보자.

> 한 공화국의 진정한 척도는 시민과 그들이 살아가는 전체라는 이념 간의 체험된 관계에 놓여 있다. 법이 만들어내는 통일성은 억압적일 뿐이다…. 통합의 요소는 감각적인 것, 즉 하나의 공통된 정체성을 가능하게 하는 도덕들의 포괄적이고 인간적인 구현체여야 한다. 노발리스에게 그러한 공화국의 이념으로 가는 가장 최고의 매개체는 군주이다…. 제도는 우리의 지성을 만족시키지만 상상력을 얼어붙게 한다. 살아 있고 숨 쉬는 한 인간이 우리 자신의 존재와 탄탄한 관계를 맺고 있는, 직관적으로 포용할 수 있는 상징을 제공한다…. 공화국과 군주의 개념은 조화가 가능할 뿐만 아니라 서로를 전제한다.*

* 네이선 로스, 《헤겔의 사회정치철학 메커니즘에 관한 연구》. Nathan Ross, *On Mechanism in Hegel's Social and Political Philosophy*. London: Routledge, 2008. p. 27.

노발리스의 요지는 사회적 정체성의 확인이 그저 지적이기만 해서는 안 된다는 평범한 이야기가 아니다. (이 점은 프로이트도 역시 《집단심리학과 자아분석》*에서 지적했다.) 그가 주장하는 핵심은 정치적 대표성의 '수행적' 차원과 관련이 있다. 대표성을 향한 진정한 행위를 할 때, 사람들은 자신들이 원하는 것을 표방—대리자를 통해 주장—하는 데 그치는 것이 아니라, 대표성의 행위를 통해서만 자신들이 원하는 바를 깨달을 수 있다는 이야기다. "노발리스는 왕의 역할이 사람들에게 자신들이 원한다고 생각하는 것을 주는 일이어서는 안 되며, 그들의 욕망을 드높이고 그 욕망을 나타낼 기준을 부여하는 일이라고 주장한다…. 정치적인 것, 혹은 인민들을 통합시키는 힘은 욕망에 그저 호소하는 것이 아니라 그들이 욕망을 드러낼 수단을 제공하는 권위이다."**

이 대목은 중요한 통찰을 던져준다. 정치학은 자신의 이해관계를 추구하는 일에만 관련되어 있지 않다. 좀 더 근본적 차원에서 우리 이해관계의 틀을 규정하는 공통의 정체성이라는 전망을 제공하는 일과 연관된다. 스탈린은 말할 것도 없고 히틀러가 거행한 대규모 대중 집회들을 비난할 때도 마찬가지다. 거대한 나치 공연을 조직하는 과정에서 히틀러가 사회민주주의적

* 지그문트 프로이트, 《집단심리학과 자아분석》, 이상률 옮김, 이책, 2015.

** 네이선 로스, 앞의 책, p. 28.

이고 공산주의적인 대중 행사를 모방—당연히 변형했다.—했다는 사실을 결코 잊으면 안 된다. 따라서 이 이념을 친파시즘이라고 거부하기보다는 오히려 그 좌파적 장식을 찾아내야만 한다.

그런데 멀리 볼 필요도 없다. 1920년 11월 7일 페트로그라드(러시아 상트페테르부르크의 옛 지명)에서 열린 10월혁명 3주년 기념식에서 무대에 오른 〈왕궁을 습격하다(The Storming of the Winter Palace)〉라는 공연을 떠올려보기만 해도 된다. 수만 명의 노동자, 군인, 학생과 예술가들은 맛없는 호밀죽, 차, 꽁꽁 언 사과로 연명하면서 쉴 새 없이 연습했고 3년 전 '그 사건이 벌어졌던' 바로 그 장소에서 공연을 준비했다. 그들의 작업은 육군 장교와 말레비치에서 마이어홀트에 이르는 아방가르드 예술가, 음악가, 작곡가의 손에 통솔되었다. 이 작업은 '실제 상황'이 아니라 공연이었지만 군인과 수병은 실제 당사자였다. 그들 중 대다수는 1917년 혁명에 실제로 참여했을 뿐만 아니라 당시 포위되어 극심한 식량난에 시달린 페트로그라드 부근 격렬한 내전의 실제 전투에도 동시에 가담했다. 공연을 본 그 당시의 한 사람은 이렇게 논평했다. "후에 역사가는 가장 유혈이 낭자하고 가장 처참한 혁명 중 하나를 겪는 내내 러시아 전체가 어떻게 대응했는지 기록할 것이다." 형식주의 이론가인 빅토르 슈클로프스키는 "살아 있는 삶의 직조물이 무대 위의 공연으로 변화되는 모종의 근본적 과정이 벌어지고 있다."고 적시했다. 이것은 대중을 위한 배우의 공연이 아니라 대중 자체가 배우인 공연이었다.

그러므로 우리는 사회화된 신체로의 강렬한 몰입, 즉 '전체주의적' 집중력 때문에 모든 나이 든 선량한 자유주의자를 충격과 공포로 몰아넣을 공통의 의례적 공연을 스스럼없이 인정해야만 한다. 이는 바그너가 〈파르시팔(Parsifal)〉의 1막과 3막의 종결 대목에서 펼친 장대한 의례 장면들을 통해 이루고자 했던 그 무엇이기도 하다. 〈파르시팔〉과 마찬가지로 독일의 하드록 밴드 '람슈타인(Rammstein)'의 대규모 콘서트—예컨대 2005년 7월 23일 프랑스 님의 아레나에서 열린 공연—는 바그너가 〈파르시팔〉을 그렇게 불렀듯이 '무대신성제전극(Bühnenweihfestspiel)'이라고 불려야만 한다. 이런 공연은 한 집단이 스스로 자기를 확인하는 수단이다. 모든 자유주의적이고 개인주의적인 편견은 여기서 무너진다. 자, 각 개인은 군중에 완전히 매몰되어야만 한다. 기쁘게 자신의 개인적 비판 정신을 버리고, 열정으로 이성을 제거해야 한다. 그러니 메건과 해리의 결혼으로 돌아가서 결론을 내리자면, 마음껏 비판해라. 하지만 이 스펙터클이 이룩해낸 것의 급진적이고 해방적인 판형을 찾는 일을 잊지는 말자.

섹스봇 논란

"실생활에서 할 수 있다고 전혀 생각하지 않는 일들을 우리는 종종 은밀하게 꿈꾼다. 이런 이유로 우리는 여기서 오랜 논쟁에 빠진다. 누군가 잔인한 성향을 지녔는데, 그 성향을 가상공간이나 기계를 통해 푸는 것을 허용하여 충분히 만족하게 한다. 그러면 그가 실제 삶에서는 그렇게 행동하지 않을까?"

⋮

포스트휴먼을 둘러싼 혼란은 이 분야에서 제기된 첫 문제를 어떻게 다루는지 살펴보기만 해도 분명해진다. 인간과 섹스봇(sexbot: 섹스 로봇)의 관계를 규제할 필요성을 두고 벌어진 최근의 논쟁, 이 희한한 현상을 다룬 보도를 보자.

> 작년에 사만다라고 불리는 섹스봇이 한 기술산업 축제에서 '추행당했고' 심하게 망가졌다. 이 사건은 기계에 관한 윤리적 이슈 제기의 필요성을 둘러싼 논쟁을 촉발했다.—섹스봇의 개발자들은 자신의 프로젝트가 고객의 욕망을 만족시키려고 전력을 다할 것이라고 주장했지만, 섹스봇은 몇몇 집요한 남성들을 거부하기 시작한 것으로 보인다. … 사람들은 이 기계가 자신들의 '들이댐'에 '아니오'라고 말할 수 없다는 이유 때문에 자신들이 기계를 심하게 망가뜨릴 수 있다는 사실을 무시한다. … 미래의 휴머노이드 섹스 로봇들은 성행위에 동의할 '어느 정도의 의식을 누릴' 만큼 복잡해질 수 있다. 비록 연구원들이 보기에 그 의식적 감정은 (섹스에) 동의하거나 유보하는 데 필수적인 요소는 아니겠지만 말이다. … 법적 측면에서 보면, 동의의 개념을 인간과 섹스봇의 관계에 도입하는 일은 인간의 성적 관계에서와 동일하게 중요하며 '법적으로 승인된 섹스-노예 계급'의 창출을 막는 데 도움이 될 것이다.[1]

이런 생각은 인공지능 개체에 기본 '권리'를 부여하기 위한 유럽연합 제안의 특별한 적용 사례일 뿐이다. 하지만 섹스봇의 영역은 아주 선명하게 그러한 사유를 결정짓는 함축된 전제를 환기한다. 우리는 기본적으로는 사유의 게으름을 다루고 있다. '윤리적' 태도를 취함으로써 편안하게 저변에 깔린 복잡한 문제의 타래를 회피하는 셈이다. 우리는 인공지능을 지닌 섹스봇의 위상을 둘러싼 논쟁에 걸려드는 함정에 빠지지 말아야 한다. 인공지능 섹스봇은 실제로 어떤 형태의 자율성이나 존엄성을 지니고 있으며, 그 때문에 합당한 권리를 누릴 자격이 있는가? 이 질문의 대답은 적어도 당분간은 분명히 부정적이다. 우리의 섹스봇들은 그저 아무런 내면의 삶이 없는 기계인형에 불과하다. 이 문제의 핵심은 다른 곳에 있다.

첫 번째 의심은 이러한 권리를 요구하는 주창자가 실제로는 인공지능 기계(이들은 이 기계가 실제로 고통과 모욕감을 느낄 수 없다는 사실을 잘 안다.)가 아니라 공격적인 인간에게 관심이 있다는 것이다. 그들이 진짜로 원하는 것은 기계의 고통을 덜어주는 일이 아니라 우리 인간의 문제적인 공격적 욕망, 환상, 쾌락을 물리치는 일이다.

이 문제는 우리가 비디오 게임과 가상현실이라는 사안을 가져오는 순간 선명해진다. 인공지능이 행동을 통제하는 플라스틱 몸체의 섹스봇 대신, 사람을 성적으로 고문하고 잔인하게 착취하는 가상현실 게임, 혹은 훨씬 더 유연한 증강현실을 떠올려보자. 인공지능 기계의 권리 주창자는 이 경우 아무 실제 존재가 고통받지 않더라도 십중팔구 인간이 가상공간에서 할 수 있는 일에 모종의 제한을 두어야 한다고 주장할 것이다. 가상의 일탈을 즐기는 사람들이 실제 생활에서도 그런 성향이 있다는 주장은 큰 문제다. 상상과 현실에서 실제로 행하는 것은 두 관계 모두에서 훨씬 더 복잡하다. 우리는 무언가 고귀한 일을 상상하는 동안 끔찍한 일을 저지르는 경우가 종종 있으며, 그 반대로 실생활에서 할 수 있다고 전혀 생각하지 않는 일들을 종종 은밀하게 꿈꾼다.

이런 이유로 우리는 여기서 오랜 논쟁에 빠진다. 누군가 잔인한 성향을 지녔는데, 그 성향을 가상공간이나 기계를 통해 푸는 것을 허용하여 충분히 만족하게 한다. 그러면 그가 실제 삶에서는 그렇게 행동하지 않을까? 우리는 여기서 "사물성애적 부인"*의 구조와 마주한다. 자기의 섹스봇을 무자비하게 학대하는 동안 가해자는 자신이 그저 플라스틱 기계인형과 장난치고 있다는 것을 잘 알고 있지만, 그런데도 자신의 허구에 사로잡혀서 그 로봇을 실제인 양 즐기고 있는 셈이다. (그가 오르가슴에 이르는 것은 허구가 아니라 현실이라는 점이 간단한 증거다.) 이 사물성애적 (부인의) 구조가 뜻하는 것은 여기에 가담하는 주체가 순진하게도 어리석다는 점이 아니다. 그와 반대로 다른 살아 있는 인간 존재와 맺는 우리의 실제 성행위에서도 허구가 늘 작용한다는 사실, 즉 내가 파트너를 내 허구를 펼쳐볼 수 있는 대상으로 이용한다는 사실이다. 구체적인 예로 실제 여성을 학대하는 잔인한 사디스트는 그녀를 자신의 허구를 실행하기 위해 이용한다.

* festishistic disavowal. 정신분석학에서 이 개념은 없는 것을 알면서도 있다고 믿는 것, 자신에게 없는 것을 있는 것처럼 간주하는 '환상'에 근거해서 현실을 설명하는 도착적 태도를 뜻한다.

또 하나의 질문. 만일 섹스봇이 우리의 거친 접근을 거부한다면, 이는 로봇이 이렇게 행동하도록 프로그램되었다는 것을 뜻할 따름 아닐까? 아니면 막장까지 가서, 그 로봇을 우리의 잔인한 학대를 반기는 방식으로 프로그램하는 것은 어떨까? (물론 이때 난점은 사디즘적 가해자가 이 경우에도 여전히 즐거움을 느낄 것인가 여부이다. 사디스트는 자기 희생양이 겁을 먹고 수치심을 느끼길 원한다.) 또 다른 질문. 만약 어떤 사악한 프로그래머가 섹스봇 그 자체를 사디스트로 만들어서 파트너인 우리를 잔인하게 학대하는 것을 즐기게 한다면 어떨까? 우리가 인공지능 섹스봇에 권리를 부여하고 그들의 무자비한 학대를 금지한다면, 이는 우리가 그것을 최소한 자율적이며 책임감 있는 실체로 대한다는 것을 말한다. 그렇다면 섹스봇이 우리를 학대할 경우 마찬가지로 그것을 최소한 '유죄'라고 봐야 할까, 아니면 그저 프로그래머를 비난할 것인가?

인공지능 개체의 권리를 옹호하는 사람의 기본적 오류는 인간의 기준과 권리를 최상의 규범으로 전제한다는 점이다. 만일 인공지능의 개발이 폭발적으로 이루어져서 잠정적으로 '심리'—일련의 태도 혹은 정신 상태—라 부를 수 있는 것을 갖춘 새로운 개체가 탄생한다고 치자. 이 심리가 우리의 심리와 양립하지 않고 우리보다 어떤 면에서 분명 '고차원'—우리의 기준으로 측정했을 때 그것은 우리보다 더 '사악'하거나 더 '선량'하게 나타날 수 있다.—이라면 어쩔 것인가? 어쩌면 인간적 의미에서 섹스봇이 지닌 윤리적이고 주체적인 자율성의 진짜 신호는 그것이 우리의 접근을 거부하는 데서가 아니라, 우리의 잔인한 학대를 거부하도록 프로그램되어 있음에도 은밀하게 즐기기 시작하는 데 있지 않을까? 이렇게 되면 섹스봇은 우리 인간처럼 분열되고 일관성을 결여한 진정한 욕망의 주체가 될 것이다.

1. 〈서맨사의 #미투: 섹스 로봇들이 인간을 거부하기 시작했나?〉. "Samantha's #MeToo: Will Sex Robots Start Rejecting Humans?", Sputniknews, 2018. 10. 04.
https://sputniknews.com/science/201804101063394315-sex-robots-reject-humans/ (2020. 11. 20. 마지막 접속)

삶의 규제와 자유 체험의 환상

"극우파는 스스로 평범한 백인, 근면하고 매우 독실한 종교인으로 자처한다. 이들은 소박한 전통 가치를 대변하고, 동성애자와 채식주의자 같은 타락한 괴짜뿐만 아니라 디지털 기인도 혐오한다. 이제 우리는 그들의 선거 승리가 그들이 반대하는 바로 그 괴짜가 설계하고 조직했다는 사실을 알게 되었다."

⋮

우리 시대의 영웅으로 우뚝 선 인물이 있다면 캐나다 출신 크리스토퍼 와일리(Christopher Wylie)일 것이다. 동성애자이자 채식주의자인 그는, 스물네 살의 나이로 데이터 분석 회사 '케임브리지 애널리티카'의 설립으로 이어진 아이디어를 냈다. 이 회사는 영국의 브렉시트 국민투표에서 탈퇴 진영 쪽의 주요 역할을 수행하기에 이르렀다. 나중에 와일리는 도널드 트럼프의 선거 유세에서 디지털 업무 쪽의 핵심 인물이 되었고, 스티브 배넌의 심리전 도구를 고안했다. 와일리의 계획은 '페이스북'에 침입해서 수백만 미국인의 페이스북 프로필을 획득하는 것이었다. 사적이고 개인적인 정보를 사용해 복잡한 심리적 정치적 프로필을 만든다. 그러고 나서 그들을 타겟으로 특정한 심리 기질에 호소하도록 고안된 정치 선전물을 보내는 것이다. 어느 시점에 이르자 와일리는 완전히 기겁했다. "미친 짓이야. 이 회사가 미국인 2억 3천만 명의 심리 프로필을 만들어냈어. 그들이 이제 펜타곤과 일하고 싶다고? 이건 닉슨이 스테로이드를 맞은 격이군."[1]

이 이야기가 흥미진진한 이유는 우리가 대체로 정반대로 여기는 요소들이 결합되었기 때문이다. 극우파는 스스로 평범한 백인, 근면하고 매우 독실한 종교인으로 자처한다. 이들은 소박한 전통 가치를 대변하고, 동성애자와 채식주의자 같은 타락한 괴짜뿐만 아니라 디지털 기인(奇人)도 혐오한다. 이제 우리는 그들의 선거 승리가 그들이 반대하는 바로 그 괴짜가 설계하고 조직했다는 사실을 알게 되었다. 이 사실에는 그저 에피소드 이상의 가치가 있다. 이는 자신의 대중적 레드넥(시골) 정서를 유지하기 위해 첨단의 기술적 이기에 의존해야만 하는 극우 포퓰리즘의 허망함을 선명하게 보여준다. 또 변두리의 컴퓨터 괴짜가 되면 자동적으로 '진보적' 반체제의 위치를 갖는다는 환상도 몰아낸다. 좀 더 기초적 차원에서 '케임브리지 애널리티카'의 맥락을 자세하게 들여다보면 어떻게 냉철한 조작, 사랑과 인간의 웰빙을 위한 배려가 동일한 동전의 양면인지 분명하게 보여준다. 《뉴욕 리뷰 오브 북스》에 실린 〈빅데이터 심리전의 새로운 군산복합체(The New Military-Industrial Complex of Big Data Psy-Ops)〉에서 탐신 쇼(Tamsin Shaw)는 "사기업들이 정부가 지원하는 행동주의 기술을 발전시키고 배치하는 일에서 차지하는 역할"을 따져본다. 이러한 기업 중 모범 사례는 물론 '케임브리지 애널리티카'이다.

두 명의 젊은 심리학도가 케임브리지 애널리티카 이야기의 중심에 있다. 한 명은 마이클 코신스키(Michal Kosinski)로 케임브리지대학 동기인 데이비드 스틸웰(David Stillwell)과 함께 '페이스북'의 "좋아요"를 분석하여 개성의 특징을 측정하는 앱을 고안했다. 이 데이터는 나중에 웰빙을 증진시키기 위해 빅 데이터를 이용해 건강과 행복을 측정하는 일을 전문으로 하는 펜실베이니아대학교 '긍정심리학센터(Positive Psychology Center)'의 한 그룹인 '세계복지프로젝트(World Well-Being Project)'와의 공동작업에 이용된다. 다른 한 사람은 알렉산드르 코간(Aleksandr Kogan)으로, 그 역시 긍정심리학 분야에서 일하면서 행복, 친절, 사랑을 다룬 논문들을 집필했다. (이력서를 보면 초기 논문 중 하나의 제목은 '토끼굴 아래로: 통합된 사랑 이론[Down the Rabbit Hole: A Unified Theory of Love]'이다.) 그는 케임브리지대학교 복지연구소의 후원을 받아서 '친사회성과 복지 실험실'을 운영했다.[2]

여기서 우리의 관심을 끄는 것은 '사랑과 친절 같은 주제들을 다루는 연구가 국방과 정보 이해관계의 연구들과 기이하게 교차하는 일'이다. 왜 이러한 연구가 영국과 미국의 정보기관과 방위산업체의 관심을 그리도 끌며, 그 배후에 저 음험한 다르파(DARPA: 국방첨단과학기술연구소)가 항상 도사리고 있는 것일까? 이 교차연구를 체화하고 있는 연구자는 마틴 셀리그먼(Martin Seligman)이다. 1998년 그는 "긍정심리학운동을 설립했고 진정한 행복과 웰빙을 북돋는 심리적 특성과 습관 연구에 헌신했으며, 대중 자기계발 서적 산업의 융성에 초석을 놓았다. 동시에 그의 작업은 병사-적응력 계획(soldier-resilience initiative)의 중심축으로 군부의 관심과 재정지원을 이끌어냈다."

이는 일상 정치학을 넘어 우리를 온전히 윤리학의 영역으로 데려간다. 이러한 교차연구는 '불순한' 정치적 조작자에 의해 행동과학 외부로부터 부과된 것이 아니다. 그 연구들의 내재적 성향에 함축되어 있는 것이다. "이러한 프로그램들의 목표는 우리의 주관적 심리상태를 분석하는 데 그치는 것이 아니라 긍정심리학자가 이해하는 것과 같은 진짜 웰빙을 이루는 방향으로 우리가 '비비고 들어갈' 수 있는 수단을 발견하는 일이기도 하다. 여기에는 유연성(적응력)과 낙관주의 같은 속성이 포함된다." 물론 문제는 이 '비비고 들어가기(nudging)'가 과학적 연구가 파악하는 자신의 '비합리성'을 개인들이 극복할 수 있게 해주는 정도까지 영향을 미치는 것은 아니라는 점이다.

> 현재의 행동과학은, 우리의 비합리성을 극복하기보다는 활용하고자 노력한다. 행동주의적 기술의 발달을 지향하는 과학은 인간을 좁은 의미로 파악하여 합리적 행위자가 아니라 조작 가능한 주체로 보는 시각에 매여 있다. 만일 이런 기술들이 미국의 군사와 정보 분야 사이버 작전들의 핵심을 차지한다면, 우리는 더 열심히 노력해서 이러한 경향이 우리 민주주의 사회의 일상적 삶에는 영향을 미치지 못하게 막아야 할 것 같다고 느낀다.[3]

'케임브리지 애널리티카'의 스캔들이 터지고 난 뒤, 자유주의적 대중 언론은 이 모든 사건과 양상을 광범위하게 다루었다. 거기에 등장하는 전반적 이미지는 우리가 유전공학의 최근 성과들 사이의 연계—인간의 뇌에 네트워크 심기 등—에 관해 알고 있는 것과 합해져서 적절하면서도 공포스러운 새로운 사회통제의 이미지를 제공한다. 이 이미지는 옛날의 괜찮았던 20세기식 '전체주의'를 다소 원시적이고 투박한 통제 기계로 만들어버린다. 이 통제의 전체 범위를 이해하려면 케임브리지 애널리티카의 경우 같은 민간 기업과 정당 간의 연계를 넘어서, 구글이나 페이스북 같은 데이터처리 기업과 국가 안보 기구의 상호 침윤까지 분석해 나아가야 한다. 이상하리만치 무시된 구글에 관한 책에서 어산지가 했던 말이 옳았다.[4]

오늘날 삶이 어떻게 규제되는지 이해하고 이 규제가 어떻게 자유로 체험되는지 알려면 인류의 공유재를 통제하는 민간 기업과 비밀 국가기관의 음험한 관계에 초점을 맞추어야 한다. 우리는 중국이 아니라 그와 같은 규제를 받아들이는 스스로에 충격을 받아야 한다. 그 와중에 우리는 스스로 완전한 자유를 누리고 있으며 언론이 우리의 목표를 실현하는 데 도움을 준다고 믿고 있다. 반면 중국 사람들은 자신이 규제받는다는 사실을 충분히 알고 있다. 새로운 인지적-군사적 복합체의 가장 큰 업적은 직접적이고 공공연한 억압이 더는 필요 없다는 점이다. 개인은 스스로 자기 삶의 자유롭고 자율적인 행위자라고 지속적으로 느낄 때 훨씬 더 잘 통제되며 바라던 방향에 '맞춰 들어' 간다. 이러한 도착적 뒤틀림이 더 나아가면, 이제 통제와 검열은 사람들의 행복을 위협적으로 가로막을 트라우마적 경험으로부터 개인을 보호하는 방식의 하나로 정당화될 수 있다. 앞서 말한 여름 캠프에서 유아가 학대받는 영상을 게시한 추드노베츠처럼 러시아에서는 자신이 반대하는 사안을 인터넷에 올렸다는 이유로 감옥에 갈 수 있다. 거론한 자체로 비판을 받았던 브래들리 바턴의 사건에서도, 피해자의 보존 처리된 골반이 증거로 채택된 사실을 언급했다는 게 내가 비난받은 이유였다. 듣는 사람에게 그 일로 변태적 즐거움을 줄 수 있다는 공격은 사람들을 트라우마적이거나 심기 불편한 뉴스와 이미지로부터 보호해야 한다고 말한다. 그러나 자유는 사람들이 듣고 싶어 하지 않는 것을 말할 권리가 아닌가?

이것은 모두 잘 알려진 사실이고, 우리는 여기서 한 걸음 더 나아가야 한다. 압도적으로 지배적인 비판은 탈신비화 방식으로 진행된다. 행복과 복지를 위한 순수해 보이는 연구의 이면에서 어둡게 감춰진 사회적 통제와 조작의 거대한 복합체, 민간 기업과 국가기관의 결탁이 좌우하는 복합체가 드러난다. 그러나 시급하게 필요한 일은 정반대의 대응이다. 행복을 연구하는 과학적 연구 형식 아래에 어떤 어두운 내용이 감춰져 있는지 묻기보다는 그 형식 자체에 초점을 맞추어야 한다. 인간의 복지와 행복에 관한 과학적 연구의 주제—적어도 현재 실행되는 방식의 연구—가 정말로 그렇게 순수한가, 아니면 그 자체로 이미 통제와 조작의 태세에 침윤된 것은 아닌가? 만약 과학이 여기서 그냥 남용되는 데 불과한 것이 아니라면, 과학이 여기서 바로 자신의 합당한 사용법을 찾은 것이라면 어떻게 될까?

우리는 최근에 발흥하고 있는 새로운 학문인 '행복학(happiness studies)'에 의문을 던져야만 한다. 인생의 목표가 곧바로 행복으로 정의되는 때이자 정신화된 향락주의의 시대에 어째서 불안과 우울증은 폭발하고 있는 것인가? 이렇게 행복과 쾌락이 자기 파괴(self-sabotaging)하는 수수께끼야말로 그 어느 때보다 프로이트의 메시지를 실감나게 한다.

1. 캐럴 커드왈라드, 〈나는 스티브 배넌의 심리전 도구를 만들었다: 데이터 전쟁의 내부고발자를 만나다〉. Carole Cadwalladr, "I Made Steve Bannon's Psychological Warfare Tool: Meet the Data War Whistleblower", *The Guardian*, 2018. 03. 17. https://www.theguardian.com/news/2018/mar/17/data-war-whistleblower-christopher-wylie-faceook-nix-bannon-trump (2020. 11. 20. 마지막 접속)
2. 탐신 쇼, 〈빅데이터 심리전(Psy-Ops, psychological operations)의 새로운 데이터 군산복합체〉. Tamsin Shaw, "New Data Military Industry Complex of Big Data Psy-Ops", *The New York Review of Books*, 2018. 03. 21. https://www.nybooks.com/daily/2018/03/21/the-digital-military-industrial-complex/ (2020. 11. 20. 마지막 접속)
3. 같은 글.
4. 줄리언 어산지, 《구글이 위키리크스를 만났을 때》. Julian Assange, *When Google met WikiLeaks*, New York: OR Books, 2014.

행복이라고?
됐거든!

"진실과 행복은 함께 가지 않는다. 진실은 아프고, 불안을 가져오며, 우리 일상생활의 매끈한 흐름을 파괴한다. 현실은 방향타 없는 공간처럼 구조화되어 있다는 가르침이 바로 여기에 자리하고 있다. 우리가 직면해야 할 궁극적 선택은 둘 중 하나다. 행복하게 조종받길 원하는가, 아니면 진정한 창조성의 위험, 이 위험이 불러일으키는 지속적 불안에 자신을 과감히 드러낼 것인가?"

⋮

발전도상국인 제3세계 국가 부탄은 순진하게도 행복이라는 관념에 관련된 어처구니없는 사회-정치적 결과를 상세히 논증했다. 20년 전, 부탄왕국은 국민총생산(GNP) 대신 국민총행복(GNH, Gross National Happiness)에 역점을 두기로 결정했다. 이 아이디어는 선왕이었던 지그메 싱기에 왕추크(Jigme Singye Wangchuck)의 머리에서 나온 것이었다. 그는 부탄이 독특한 정체성을 고수하면서도 현대 세계로 나아가도록 방향을 잡았던 인물이다.

전 지구화의 압력이 커지고 물질주의가 거세지는 와중에 이 작은 국가는 설립 이래 최초의 선거를 앞두게 되었다. 엄청나게 대중의 인기를 얻던 스물일곱 살의 옥스퍼드 출신 새 국왕, 지그메 케사르 남기엘 왕추크(Jigme Khesar Namgyel Wangchuck)는 한 국가기관에 명하여 육십칠만 명에 달하는 자기 왕국의 백성이 얼마나 행복한지 추산하라고 시켰다. 관리들은 자신이 이미 천여 명을 대상으로 설문조사를 했으며 행복함을 측정할 변수의 목록을 작성했다고 말했다. 이 목록은 유엔이 추적하는 발전 지수와 유사했다. 가장 큰 관심사로는 심리적 웰빙, 건강, 교육, 올바른 통치, 생활수준, 공동체의 활력, 생태적 다양성 같은 것이 확인되었다. 문화제국주의라는 게 존재했다면 **이것이** 바로 그것이다.[1]

여기서 한 걸음 더 모험해서 행복 개념 자체의 감춰진 이면을 탐구해보자. 사람은 정확히 언제 행복하다고 말할 수 있는가? 1970년대 말에서 1980년대의 체코슬로바키아 같은 나라 사람들은 어떤 면에서 실질적으로 행복**했다**. 거기서는 행복의 세 가지 근본 조건이 충만했다.

① 사람들의 물질적 필요가 기본적으로 충족되었다. **너무** 많이 충족된 것은 아니었는데, 소비의 과잉은 그 자체로 불행을 가져오기 때문이다. 이따금 시장에서 몇몇 물품의 단기간 부족을 겪는 것은 괜찮다. 한 이틀 커피가 없거나 소고기가 떨어지거나 나중엔 텔레비전이 품절된다. 이렇게 짧은 기간의 부족 사태는 예외로 기능해서 사람들이 보편적으로 물품 구입이 가능하게 된 일을 기쁘게 여기도록 했다. (모든 것이 언제든 구입 가능하다면, 사람들은 이 입수 가능성을 삶의 분명한 사실로 받아들이게 되고 자신의 행운에 더는 고마움을 느끼지 못한다.) 삶은 따라서 평탄하고 예상 가능한 방식으로 아무런 큰 수고나 충격 없이 흘러갔고, 누구나 자신의 내밀한 공간으로 물러나는 것이 허용되었다.

② 두 번째 엄청나게 중요한 특징. 잘못된 모든 일에 대해 비난할 수 있는 **타자**, 즉 공산당이 존재했다. 그래서 아무도 실제로 책임을 느끼지 않았다. 어떤 물품의 일시적 부족 현상이 생기면, 심지어 폭풍 같은 날씨가 큰 손해를 끼쳐도, 모두가 '그들'의 잘못이었다.

③ 마지막이지만 마찬가지로 중요한 사항. 누구나 꿈꾸는 것이 허용되었고 때로는 방문하기도 했던 **타지**, 즉 소비주의적 서유럽이 존재했다. 이곳은 너무 멀지도 아주 가깝지도 않은 매우 적절한 거리에 위치했다. 그런데 이 아슬아슬한 균형은 깨졌다. 무엇 때문에? 바로 **욕망** 때문에. 욕망은 사람들이 넘어서서 나아가게 강제하는 힘이다. 결국 대부분인 다수가 분명히 덜 행

복한 시스템으로 귀착되었다.[2]

행복은 따라서 그 자체—헤겔이 그렇게 말했을 법하듯, 그 개념 자체로—로 혼란스럽고, 확정 불가능하고, 일관되지 않다. 미합중국으로 이민을 온 독일 사람의 전설적인 답변을 떠올려 보자. "행복합니까?"라는 질문에 그는 "(영어로는) 네, 네 아주 행복합니다. (독일어로는) 그런데 전혀 행복하지 않아요." 행복은 이교도의 범주이다. 이교도에게는 삶의 목표가 행복한 삶을 사는 것이며('오래도록 행복하게' 산다는 생각이 이미 이교 신앙의 기독교식 변종이다), 종교적 경험과 정치적 활동은 그 자체로 행복의 고차원적 형식이다. (아리스토텔레스 참조) 달라이 라마 자신이 행복의 복음을 전 세계에 설교하면서 큰 성공을 거둔 일은 놀랍지 않고, 그가 행복 추구의 궁극적 제국인 미국에서 가장 큰 반응을 얻은 것도 놀랍지 않다. 행복은 자신이 품은 욕망의 결과를 온전히 대면할 수 없는 주체의 무능력과 준비 부족에 좌우된다. 행복의 대가는 주체가 자신의 욕망의 비일관됨에 갇혀 있게 되는 것이다. 일상생활에서 우리는 정말로 욕망하지 않는 것을 욕망하는 것처럼 행동한다. 그리하여 궁극적으로 일어날 수 있는 최악의 사태는 우리가 '공식적으로' 욕망하는 것을 얻는 일이다. 행복은 따라서 내재적으로 위선적이다. 우리가 정말로 원하지 않는 것을 꿈꾸는 일이 행복이다.

좌파 정치학에서도 이와 비슷한 태도를 만나고 있지 않은가? 급진 좌파 정당이 선거에서 아쉽게 패하여 권력을 얻지 못하면, 사람들이 종종 뒤에서 안도의 한숨을 쉬는 것을 목격할 수 있다. 감사하게도 우리가 패했다. 우리가 이겼다면 어떤 곤경에 빠졌을지 누가 알겠는가. 영국의 많은 좌파가 속으로는 지난 선거에서 노동당이 거의 승리를 쟁취했던 일이 벌어질 수 있는 일 중 최고였다고 인정한다. 노동당 정부가 자기 당의 프로그램을 시행하려고 노력했다면 무슨 일이 벌어졌을지 걱정하는 그 불안감보다는 훨씬 낫다는 이야기다. 버니 샌더스의 궁극적인 승리를 전망하는 데도 마찬가지 이야기가 통한다. 거대 자본의 총공세에 맞선 그가 당선될 확률이 얼마나 되겠는가? 그러한 태도의 모태에 해당하는 것은 러시아의 체코슬로바키아 침공이다. 러시아는 '프라하의 봄'과 민주적 사회주의의 희망을 짓밟았다. 직후에 '개혁' 정부는 그 역사적 순간 민주적 사회주의의 진짜 가능성이 없다는 사실에 직면해야만 했다. 그래서 예컨대 자유에 명확한 제한을 두어서 당의 지배를 재확인하거나, 체코슬로바키아가 서유럽식 자유민주주의의 자본주의국가 중 하나가 되는 길 중 선택해야만 했다. 어떤 면에서 소비에트의 침공과 간섭은 프라하의 봄을 구한 셈이다. 하나의 꿈, 하나의 희망으로서 프라하의 봄을 구해준 것이다. 간섭이 없었다면 민주적 사회주의의 새로운 형태가 탄생했을지도 모른다는 희망 말이다. 시리자 정부가 긴축 조치를 받아들이라는 브뤼셀의 압력에 맞서서 국민투표를 실시했을 때 그리스에서도 앞서와 유사한 일이 벌어진 것 아닐까? 많은 내부의 소식통은 시리자 정부가 속으로는 국민투표에서 패하기를 희망했다고 확인해주었는데, 그렇게 된다면 그 정부는 물러나고 긴축이라는 힘들고 더러운 일은 다른 이들에게 맡길 수 있기 때문이다. 그들이 승리했기에 그 임무는 그들에게 맡겨졌다. 그 결과는 그리스 급진 좌파의 자멸이었다. 의심할 여지 없이, 시리자는 국민투표에서 패했다면 훨씬 더 행복했을 터였다.

자, 다시 처음의 논제로 돌아가보자. 우리는 통제받고 조종된다. 뿐만 아니라 '행복한' 사람들은 심지어 속으로는 그리고 위선적이게도 자신들의 이익을 위해 조종받기를 요구한다. 진실과 행복은 함께 가지 않는다. 진실은 아프고, 불안을 가져오며, 우리 일상생활의 매끈한 흐름을 파괴한다. 현실은 방향타 없는 공간처럼 구조화되어 있다는 가르침이 바로 여기에 자리하고 있다. 우리가 직면해야 할 궁극적 선택은 둘 중 하나다. 행복하게 조종받길 원하는가, 아니면 진정한 창조성의 위험, 이 위험이 불러일으키는 지속적 불안에 자신을 과감히 드러낼 것인가? 여기서 행복 윤리학의 달성 여부가 '대타자'의 형상에서 아무런 지원도 받지 못한다는 사실에 달려 있음을 아는 일이 무엇보다 중요하다. 대타자가 존재하지 않는다면, 확고한 근거를 마련해주는 더 높은 행위자가 없다면, 우리는 유일하게 일관된 윤리적 선택이 행복을 향락주의적으로 추구하는 것이라고 생각했을 터이다. 허술하고 믿음이 가지 않지만 이게 우리에게 주어진 유일한 세상일진대, 가능한 모든 행운을 잡아보자고 했을 터이다. 윤리적 의무를 특별 취급하는 모든 일은 그 일의 절박함을 보장해줄 모종의 초월적 참조 근거를 환기해야만 한다.

그러나 좀 더 자세히 들여다보면, 행복은 그 가장 땅에 밀착된 변형에서조차 항시 어떤 대타자의 형상에 의존해야만 한다. 왜 그럴까? G. K. 체스터턴은 고대의 이교도적 태도가 삶의 기쁨을 받아들이는 반면, 기독교는 죄의식과 체념이라는 어두운 교리를 강요한다고 보는 표준적 (오)인식을 뒤집는다. 오히려 이교도적 태도야말로 심각하게 멜랑콜리적이다. 비록 즐거운 삶을 설파하고 있지만, 이교도의 자세는 '종말에는 항상 죽음과 쇠락이 있으니 사는 동안 즐겨라.'라는 태도에 놓여 있다. 반면에 기독교의 메시지는 죄의식과 체념이라는 기만적 표면 아래에서 무한한 기쁨을 누리라는 태도이다. "기독교의 바깥쪽 원환에는 도덕적 절제와 전문적 사제가 엄격하게 경비를 서고 있다. 그러나 그 비인간적 감시의 안쪽에서는 아이들처럼 춤추고, 어른들처럼 술을 마시는 오래된 인간의 삶을 발견할 수 있다. 기독교는 이교적 자유를 누리기 위한 유일한 틀이기 때문이다."[3] 기독교는 희생과 세속적 쾌락의 체념으로 이루어진 종교이기는커녕, 우리가 대가를 지불하지 않고도 우리의 욕망을 맘껏 채울 수 있는 기만적 방책을 제공한다. 종말에 우리를 기다리는 소멸의 공포와 무기력하게 만드는 고통이 없이 삶을 즐길 수 있는 방책 말이다. 이런 방향으로 끝까지 간다면 바로 거기에 예수가 한 희생의 궁극적 효용이 있다고 주장하는 것도 가능하다. "너의 욕망과 기쁨을 맘껏 즐겨라. 내가 그 대가를 전부 짊어질 터이니."

비슷한 맥락에서 아도르노와 호르크하이머도 기성 질서의 향락적이고 축제적 역전을 이어온 오래된 전통에 사드(Marquis de Sade)라는 인물을 놓는다.[4] 위계질서의 규율이 폐기되고 '모든 것이 허용되는' 순간, 이 신성한 향락축제가 재현하는 근원적 주이상스는 당연히 인간이 소외된 상태의 퇴행적 투사이다. 주이상스는 상실되기 이전에는 결코 존재한 적이 없다. 물론 핵심은 부르주아 계몽주의의 등장과 함께 '쾌락이 그 자체로 신성함과 위반적 성격을 잃고 합리화된 도구적 활동으로 전락한 시대'를 사드가 선포한다는 점이다. 실증주의의 궁극적 희생양은 혼란해진 형이상학적 관념이 아니라 사실 그 자체이다. 즉 급진적인 세속화의 추구, 세속적 삶으로의 전향이 삶 그 자체를 하나의 '추상적'이고 핏기 없는 과정으로 바꾸어버리고, 이 역설적인 역전을 사드의 작품에서보다 더 생생하게 보여주는 곳은 어디에도 없다는 것이다. 여기서 정신적 초월의 마지막 자취마저 탈각한 거칠 것 없는 성욕의 주장은 성욕 자체를 아무런 진정한 감각적 열정도 없는 하나의 기계적 실행으로 변모시킨다. 비슷한 이야기가 오늘날의 '최후의 인간'이라는 교착 상태에도 분명 해당되지 않을까? 모든 '고귀한' 목표를 폭력적이라고 거부하고, 점차 정교하고 인위적으로 흥분되고 발기된 사소한 쾌락으로 채워진 생존에 자신의 삶을 바치는 '포스트모던 인간' 말이다.

결과적으로 사드의 위대함은 지상의 쾌락을 완전히 구현하기 위해서 모든 형이상학적 도덕주의를 거부할 뿐만 아니라 그것을 위해 치러야 할 대가 역시 충분히 인식하고 있다는 사실이다. 그 대가란, 쾌락을 불러일으킬 목적의 성적 활동을 근본적으로 의식화, 도구화, 규격화하는 일이다. 우리는 여기서 나중에 마르쿠제(Herbert Marcuse)가 "억압적 탈승화(repressive desublimation)"라고 명명한 내용과 만나게 된다. 승화, 성적 활동의 문화적 변형이라는 장벽이 모두 제거된 후에 우리가 얻게 되는 것은 날것의, 거칠고, 열정적이며 만족스러운 동물적 섹스가 아니라 오히려 잘 짜인 스포츠 대결과 견줄 만한 완전히 규격화되고 의식화된 활동이다. 사드적 영웅은 거친 야생 짐승이 아니라 창백하고 냉혈한 지식인이다. 그는 얌전하고 절제된 연인보다 더 진정한 육체적 쾌락에서 소외된, 이성적 인간으로서 사악한 지성의 사랑(amor intellectualis diaboli)에 얽매여 있다. 그(녀)에게 쾌락을 선사하는 것은 성욕 그 자체가 아니다. 합리적 문명을 그 문명의 수단으로, 다시 말해 그 논리의 결과를 극단까지 사유하고 실행하는 방식으로 능가하는 활동이다. 따라서 충만하고 세속적인 실체와 거리가 먼 사드적 영웅은 근본적으로 무심하며, 성욕에서 자발적 쾌락이나 감상성의 여지를 한 방울도 없이 제거하여 기계적으로 계획된 절차로 환원해버린다. 사드가 영웅적으로 감당하는 일은 순전히 육체적이고 감각적인 쾌락과 정신적 사랑이 단지 대립하는 데 그치는 것이 아니다. 그 둘이 변증법적으로 상호 침윤되어 있다는 사실이다. 진정으로 열정적이고 관능적인 욕정에는 무언가 깊이 '정신적이고' 유령적이며 숭고한 것이 존재하며, 신비체험이 가르쳐주듯이 그 역도 마찬가지다. 따라서 성욕의 철저한 '탈승화'는 또한 성욕을 철저하게 지성화하며, 강렬하고 감정적인 육체의 경험을 냉철하고 무심하며 기계적인 연습으로 바꾸어놓는다.

이 논점은 모든 대타자의 거부가 그와 같이 실체를 상실한 냉철하고 합리주의적인 향락주의로 귀결됨을 뜻하는 것인가? 오히려 정반대다. 모든 세속적 삶의 내재성을 주장하는 일은 모종의 대타자 형상에 의지하는 결과로 귀착되며, 이 의존성의 궁극적 증거는 사드 그 자신이다. 그는 자연을 영원한 변화에 좌우되는 물질의 무관심한 체계, 피할 수 없이 그 길을 따라가며 아무런 외부의 신성함에도 속박되지 않는 체계라고 인식한 최초의 인물이다. 그렇지만 우리가 동료 인간을 재생산의 자연적 순환 그 자체를 교란하는 정도까지 고문하고 파괴함으로써 쾌락을 추구할 때 실질적으로 자연의 가장 내밀한 요구를 충족시킬 수 있다는 그의 주장에서, 우리는 사드가 또 다른 형태의 자연을 은밀하게 도입하고 있음을 알 수 있다. 그 새로운 자연은 더는 '선악을 넘어선' 평범하고 무심한 사물의 운행이 아니다. 이미 어느 정도는 주체화된 자연으로서, 위반적이고 사악한 실체로 변해서 우리로 하여금 사악함을 추구하고 모든 형태의 도덕과 연민의 파괴와 희생에서 쾌락을 구하도록 명령하는 자연이다. 라캉이 "사악함의 최고 상태(Supreme Being of Evilness)"라고 부른 이 "제2의 자연"이야말로 대타자를 지칭하는 사드적 용어는 아닐까? 이 애매성은 다음과 같이 표현할 수도 있을 것이다. 사드적 영웅에게 쾌락이란 무엇인가? 그저 "자연의 순수함으로의 실질적 복귀" 즉 파괴도 역시 요구하는 자연의 법칙을 제약 없이 따르는 일인가? 아니면 쾌락은 자신이 위반하는 도덕률과 내재적으로 연관되어 있기에, 우리에게 쾌락을 선사하는 것은 신성모독을 저지른다는 깨달음 그 자체인가?

이 순수함과 신성모독적 타락 사이의 애매함은 해소하기 힘들며, 이는 근본적 내재성을 내세우는 모든 입장이 궁극적으로 일관되지 못함을 드러낸다. 우리는 '대타자'를 그리 쉽게 제거할 수 없다. 유일하게 일관된 유물론자의 입장은 삶의 쾌락을 기쁘게 인정하는 것이 아니라 대타자의 부재를 용감하게 감당할 수 있는 윤리적 태도이다. 바로 그 부재를 통해 대타자는 지속적으로 우리 주위를 유령처럼 맴돈다. 이 점이 바로 대타자의 부재가 가장 엄격하고 가장 순수한 윤리학의 기반이 되는 이유이다.

1. 〈부탄이 행복을 측정하려 하다(Bhutan tries to measure happiness)〉, ABC NEWS, 2008. 03. 24.
https://www.abc.net.au/news/2008-03-24/bhutan-tries-to-measure-happiness/1081658 (2020. 11. 20. 마지막 접속)

2. 슬라보예 지젝, 《처음에는 비극으로, 다음에는 희극으로》의 1부(멍청아, 그건 이데올로기야!)에서 개진된 생각을 여기서 다시 펼친 것이다.
First as Tragedy, Then as Farce, London: Verso, 2009. 《처음에는 비극으로, 다음에는 희극으로》, 김성호 옮김, 창비, 2010. 21~170쪽.

3. G. K. 체스터턴, 앞의 책, 같은 쪽.

4. Max Horkheimer and Theodor W. Adorno, *Dialektik des Aufklarung*, Frankfurt: Fischer Verlag, 1988. 테오도어 W. 아도르노, M. 호르크하이머, 《계몽의 변증법》, 김유동 옮김, 문학과지성사, 2001.

5부

대혼돈을 넘어

현재의 폭염에 어떻게 대처할 것인가?

"인류 생존의 궁극적 불확실성을 차츰 깨닫는 중이다. 끔찍한 지진, 지구와 충돌하는 거대한 소행성, 살인적인 폭염 뒤에 모든 게 끝장난다. 체스터턴은 '초자연적인 것들을 제거하면 남는 것은 부자연스러운 것들 뿐이다.'라고 했다."

⋮

나는 더위를 싫어한다. 요즘 살고 싶어 꿈꾸는 곳은 노르웨이 북쪽의 스발바르제도로, 북극으로 가는 중간 지점에 있다. 하지만 집구석에 처박혀 있는 까닭에 할 수 있는 일이라고는 에어컨을 켜고 책을 읽는 것이다. 현재 지속되는 폭염과 지구온난화를 다룬 책이다.

읽을거리는 제법 많다. 기온이 섭씨 50도 이상 오른다는 이야기는 더는 큰 화제가 아니고, 에미리트에서 이란 남부에 걸친 크레센트 지역, 인도의 일부, 데스 밸리 등에서는 주기적으로 벌어지는 일이다. 이제는 전망이 더 어두워서 사막 지대만 위협받는 것이 아니다. 베트남에서는 참기 힘든 더위 때문에 많은 농부가 낮 동안 잠을 자고 밤에만 일한다. 베이징에서 상하이에 이르는 중국의 북부 평원, 지구상에서 가장 인구가 많은 이 지역은 인구가 과밀하고 식량 생산을 담당한다. 지구온난화가 계속된다면 이곳에서 거주가 불가능해질 것이다. 흔히 습구온도로 측정하는 더위와 습도의 치명적인 결합이 원인이다. 습구온도로 섭씨 35도에 이르면, 인간의 몸은 땀을 흘려서 체온을 조절하는 게 불가능하다. 심지어 그늘에 앉아 있는 사람도 6시간 안에 사망에 이른다.

무슨 일이 벌어지고 있는 것인가? 인류 생존의 궁극적 불확실성을 차츰 깨닫는 중이다. 끔찍한 지진, 지구와 충돌하는 거대한 소행성, 살인적인 폭염 뒤에 모든 게 끝장난다. 체스터턴은 "초자연적인 것들을 제거하면 남는 것은 부자연스러운 것들뿐이다."라고 했다. 이 명제를 받아들여야만 할 텐데, 체스터턴이 염두에 둔 뜻이 아니라 정반대의 의미로 말이다. 우리는 자연이 '부자연스럽다'는 걸 받아들여야만 한다. 자연은 어떤 내적 운율도 없는 우발적인 소란의 기이한 쇼이다.

지난 50년가량의 기온 변화

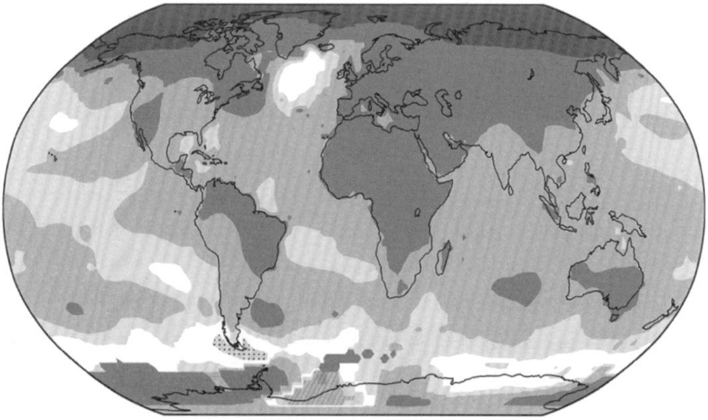

2010~2019년 평균기온 VS 1951~1978년 기준(℃)

전 지구적 온난화 덕분에 우리는 그 모든 정신적이고 실제적인 행위에도 어떤 기초적인 수준에서 인간은 그저 지구상에 존재하는 또 다른 생물 종에 불과하다는 사실을 깨닫게 되었다. 인류의 생존은 우리가 기계적으로 당연시하는 모종의 자연적 매개변수에 좌우된다. 지구온난화의 교훈은 인류의 자유가 지구 생명체의 안정적인 자연적 매개변수—기온, 대기의 구성, 충분한 물과 에너지의 공급 등—를 배경으로 해서만 가능했다는 점이다. 인간들은 가능한 한 주변적 위치에 머물러서 지구 생태의 매개변수에 심각한 혼란을 일으키지 않아야만 '원하는 것을 할' 수 있다. 지구온난화로 인해 분명해진 우리 자유의 한계는 바로 우리의 자유와 지배력이 기하급수적으로 증가하여 초래된 역설적 결과이다. 다시 말하면, 자연을 변형시키는 인간의 능력이 지구 생태의 근간이 되는 바로 그 지질학적 매개변수의 균형을 파괴할 정도까지 증대했기 때문이다. 그로 인해 '자연'은 말 그대로 하나의 사회역사적 범주가 된다. 《공산당 선언》에 나오는 유명한 대목을 상기해보자.

> 생산의 지속적인 변혁, 모든 사회적 조건의 중단 없는 교란, 영속하는 불안과 동요가 부르주아 시대를 모든 앞선 시대와 구별해준다. 일련의 예스럽고 유서 깊은 편견과 의견으로 무장한 경직되고 얼어붙은 관계들은 모두 쓸려나가고, 모든 새로운 형태의 관계들은 미처 자리를 잡기도 전에 낡은 것이 되고 만다.*

지금은 마르크스가 상상했을 법한 것보다 사태가 더 진행

* Karl Marx, 'A Communist Manifesto' in Marxist Archive. 카를 마르크스, 프리드리히 엥겔스, 《공산당 선언》, 이진우 옮김, 책세상, 2018. https://www.marxists.org/archive/marx/works/1848/communist-manifesto/ch01.htm (2020. 11. 20. 마지막 접속)

되었다. 그는 모든 특정한 정체성을 해체하는 자본주의의 동력학이 민족적이고 성적인 정체성에도 영향을 끼치리라고는 상상할 수 없었을 터이다. 또한 성적인 '일면성과 편협성은 더욱더 불가능해지며', 성적 실천의 경우도 '모든 굳은 것들은 남김없이 녹아버리고, 모든 신성한 것들은 더럽혀'져서, 자본주의는 표준 규범적 이성애를 고정되지 않고 변화하는 정체성과 성향의 확산으로 대체하는 경향이 있다. 오늘날은 '소수자들'과 '주변인들'을 높이 사는 경향이 지배적인 다수의 입장이다. 자유주의적 정치적 올바름의 횡포에 불만을 터뜨리는 극우 세력조차 멸종에 처한 소수의 옹호자를 자처한다.

다른 측면으로도 사태는 역시 심화된다. 과학과 기술은 오늘날 더는 자연적 과정을 이해하고 재생산하는 것만을 추구하지 않고, 인간을 깜짝 놀라게 할 새로운 형태의 생명체를 만들어내려고 한다. 과학기술의 목표는 더는 단순히 자연을 있는 그대로 지배하는 것이 아니다. 인류 자신을 포함해서 일반적 자연보다 새롭고 위대하며 더 강력한 무언가를 만들어내는 일이다. 인공지능을 만들려는 집착이 그 사례인데, 인간보다 더 강력한 뇌를 만들어내려고 노력하는 것이다. 과학기술의 분투를 뒷받침하는 꿈은 돌아올 길이 없는 과정, 자신을 기하급수적으로 복제하고 독자적으로 지속해 나아갈 어떤 과정을 촉발하는 것이다. 따라서 "제2의 자연"이라는 관념은 그 핵심 의미 전부가 다른 어느 때보다 오늘날 더 시의적절하다. 먼저 말 그대로 인공적으로 생성된 새로운 자연이라는 의미. 자연의 괴물들, 변형된 소와 나무 또는 조금 긍정적인 표현으로 하면 인간에 적합한 방향으로 '강화된' 유전적으로 조작된 유기체들. 다음으로는 인간 자신의 행위 결과들을 자율화한다는 좀 더 표준적인 의미에서의 "제2의 자연"으로, 우리 행위의 결과가 의도와 다른 방향으로 귀결되는 것이다. 자체의 생명을 지닌 괴물을 만들어내는 행위, 우리가 통제하지 못하는 자연의 위력이 아니라, 우리 자신의 행위가 예측하지 못한 결과로 귀결될 때의 이 **끔찍함**이야말로 충격과 경악을 일으킨다. 오늘날 새롭게 등장한 "제2의 자연" 관념은 이 두 의미 간의 단락(short-circuit)이다. 객관적 운명이라는 뜻의 자연, 자율화된 사회적 과정과 인공적으로 창조된 자연, 자연적 괴물이라는 뜻의 "제2의 자연"의 중첩이다. 통제를 벗어나고 빠져나가 위협이 될 수 있는 과정은, 더는 경제적이고 정치적인 발전만이 아니다. 유례없는 핵전쟁의 파국에서 지구온난화 및 유전공학적 조작의 예측 못한 결과를 망라하는 새로운 형태의 자연적 과정도 포함된다. 나노기술의 실험이 어떤 예측하지 못한 결과를 가져올지 과연 상상할 수 있을까? 새로운 생명체들이 통제를 벗어나 암세포와 같은 방식으로 자기 복제를 하지는 않을까?

그러므로 우리는 이제 다름 아닌 자연 그 자체가 남김없이 녹아버리는 새로운 국면에 진입하고 있다. 유전공학의 과학적 성취가 가져온 주된 결과는 자연의 종말이다. 이런 이유로 우리는 프로이트의 저작 *Das Unbehagen in der Kultur* 혹은《문명 속의 불만》*이라는 뜻을 새롭게—'자연 속의 불만'으로—비틀어 버릴 수밖에 없다. 최근의 상황 전개를 고려하면, 불만은 문명에서 자연 그 자체로 옮겨간다. 자연은 더는 '자연스럽지' 않고, 더는 의지할 수 있고 '무성한' 우리 삶의 배경이 아니다. 이제 자연은 언제라도 파국적 방향으로 나아가 파괴될 수 있는 연약한 메커니즘으로 보인다.

폭염을 사유하다가 이론적 사변에 빠져버리는 바람에 참을 수 없는 더위가 주는 비참한 현실을 잠시 잊었다. 요컨대, 나는 프로이트가 "사물성애적 부인"이라고 부른 덫에 빠진 셈이다. 나는 이 위험이 얼마나 큰지 잘 알고 있지만, 아주 심각하게 받아들일 수 없다. 그런 일이 일어날 수 있다고 진짜로 믿지는 않기 때문이다. 어쩌면 불행하게도, 실제적 파국의 충격만이 우리를 각성시킬 수 있을지 모르겠다. 그렇게 되면, 전 세계가 천천히 해체되는 이 와중에 오직 대규모 집단적 노력만이 희망을 줄 수 있을 것이다. 여기서 미국이 먼저네, 브렉시트를 하느니 마느니 하는 국가 간의 대결이 얼마나 우스꽝스러운 일인지 우리는 깨닫게 될 터이다.

* 지그문트 프로이트,《문명 속의 불만》, 김석희 옮김, 열린책들, 2020.

그레타와 버니는 어디에 있나?

"2020년 코로나 바이러스라는 화제가 생태적 관심사를 완전히 잠식했고, 미국에서 시작되어 전 지구로 번진 반인종차별 저항 시위에 몇 주 동안만 겨우 가려졌을 뿐이다. 요즘 진행 중인 중요한 이념적이고 정치적인 투쟁은 코로나바이러스감염증-19, 생태적 위기, 인종차별주의라는 세 가지 영역의 상관관계와 맞닿아 있다."

⋮

코로나 사태를 관망하는 사람들이 놀란 사실이 하나 있다. 그레타 툰베리와 버니 샌더스의 존재다. 코로나 바이러스 감염에서 살아남은 것 같다는 짧은 메시지를 빼면, 그레타가 추동한

환경운동에 관해 들리는 것이 거의 없었다. 버니의 경우엔 감염증 상황이 되자 전 세계에 걸쳐 필수적이라고 공인된 (국민 건강보험 같은) 조치를 옹호하긴 했지만, 그 또한 한동안 어디에 나타나거나 발언하지 않았다. 왜 코로나바이러스감염증-19는 그 어느 때보다 지금, 실질적인 프로그램과 통찰을 지닌 정치적 인물에게 그러한 영향을 끼쳤을까?

2020년 코로나 바이러스라는 화제가 생태적 관심사를 완전히 잠식했고, 미국에서 시작되어 전 지구로 번진 반인종차별 저항 시위에 몇 주 동안만 겨우 가려졌을 뿐이다. 요즘 진행 중인 중요한 이념적이고 정치적인 투쟁은 코로나바이러스감염증-19, 생태적 위기, 인종차별주의라는 세 가지 영역의 상관관계와 맞닿아 있다. 기득권 세력이 가하는 압력은 이 세 부문을 떼어놓거나 나아가 그것 사이의 긴장 관계를 암시하는 일이다. 현재 우리가 할 일은 경제를 살리는 것이며 이를 위해서는 생태 문제를 잠시 등한시해야 한다는 이야기가 자주 들린다. 혼란스러운 반인종차별주의 시위가 자주 사회적 거리두기를 위반하며 그 때문에 코로나 바이러스 감염 확산에 이바지하고 있다는 이야기도 있었다…. 이런 방식의 추론에 맞서기 위해서는 이 세 영역의 기본적 통일성을 강하게 내세워야 한다. 감염증은 우리가 자연환경과 맺고 있는 불균형한 관계의 일부로 폭발한 것으로서 단순히 건강 문제에 불과한 게 아니다. 반인종차별주의 시

그레타 툰베리. 스웨덴의 청소년 환경운동가이다. 2018년 스웨덴 국회의사당 앞에서 기후변화 대책 마련을 촉구하는 1인 시위를 벌인 것을 시작으로, 세계적 기후 운동인 '미래를 위한 금요일'을 이끌고 있다.

버니 샌더스. '민주적 사회주의자'를 자처하는 미국의 정치인이다. 2016년 민주당의 대선 경선에 나서 유력 주자로 부상했다. 2013년 미국 상원에서 최초로 탄소세 도입안을 발의한 두 명의 의원 중 한 명이다.

위 역시 자가격리와 더 나은 의료 혜택을 누릴 수 있는 백인 다수층에 비해 인종적 소수자들이 감염증의 위협을 훨씬 더 많이 받고 있다는 사실로 인해 추가로 힘을 받게 되었다. 따라서 현재 우리가 대처하고 있는 위기는 전 지구적 자본주의 동력학의 계기들로 분출한 것이다. 바이러스 감염증, 인종차별의 혼란, 생태적 위기 이 세 가지 모두는 예견되었을 뿐만 아니라 이미 수십 년 동안 우리 곁에 있었다.

반인종차별 시위를 두고 한 질문 "왜 오바마 행정부 8년 동안 미국 내 인종 관계에 정말로 실질적인 변화를 가져오는 데 실패했을까요?"에 스파이크 리(미국 흑인 영화감독)는 이렇게 응답했다. "아주 좋은 질문이네요. 더 악화된 인종 관계는 흑인이 대통령으로 있다는 사실을 겨냥한 직접적 대응이라는 점을 명심하셔야 됩니다." 왜 그런가? 오바마가 '골수 흑인답지 않아서'가 아니라, 자유주의 좌파들이 지지하는 흑인 대통령의 이미지, 곧 자유주의 게임의 규칙에 충실하며 그것을 존중하는 성공한 흑인 미국인의 이미지를 그가 체현했기 때문이다. 이 저항 시위는 "이제 흑인이 대통령도 하는데 뭘 더 바라?"라는 정서에 대한 격렬한 응답이다. 이 '더'를 움트게 하는 것이 우리 임무이다. 오바마 대통령이 재임한 8년 동안에도 2010년대의 전반적 흐름에는 큰 변화가 없었다. 가난한 자와 부자들의 간극은 넓어졌고, 거대 자본은 더 막강해졌다. 드라마 〈굿 와이프(The Good Wife)〉 시리즈의 후속편에 해당하는 〈굿 파이트(The Good Fight)〉의

한 에피소드에서 여주인공은 힐러리 클린턴이 2016년 대통령 선거에서 트럼프를 물리치고 승리한 대체 현실에서 잠을 깬다. 그 결과는 페미니즘 진영에 역설적이다. '미투(#MeToo)'가 존재하지 않고, 성범죄 파문을 일으킨 하비 와인스타인(Harvey Weinstein)에 맞선 광범위한 저항도 없다. 왜냐하면 온건한 기득권 좌파 페미니스트들은 남성의 괴롭힘에 대항하는 여성 시위가 너무 강력해져서 힐러리가 남성의 표를 잃고 재선하지 못할까 두려워하기 때문이다. 그뿐만 아니라 와인스타인은 힐러리 선거운동 기부의 큰손이기도 하다. 이와 흡사한 일이 오바마에게도 벌어졌던 게 아닐까?

요지는 흑인들이 경제 상황을 타개할 수 있도록 더 많은 재정 지원을 받아야 한다는 단순한 주장, 적어도 그게 핵심은 아니라는 점이다. 스파이크 리의 영화 〈말콤 X〉에 기막힌 대목이 하나 있다. 한 대학에서 강연을 마친 말콤에게 한 백인 여학생이 다가와 흑인 해방 투쟁에서 자신은 무엇을 할 수 있는지 물어본다. 그는 학생에게 차갑게 "없어요."라고 대답하고 지나쳐 가버린다…. 내가 이 일화를 수십 년 전에 써먹었을 때, 그러면 백인은 흑인의 투쟁을 도우려고 아무것도 하지 말라는 거냐고 비난받았다. 그러나 나의 (그리고 내 생각엔 말콤의) 말뜻은 훨씬 분명했다. 백인 자유주의자들은 마치 자신이 흑인을 해방시킬 것처럼 행동해서는 안 되며, 흑인 자신의 해방을 향한 투쟁을 도와야만 한다. 다시 말해, 흑인을 단순한 상황의 희생양이 아니라 자율적 행위자로 대해야만 한다.

자, 처음 질문으로 돌아가 보자. 공적 영역에서 그레타와 버니가 사라졌던 일은 무엇을 뜻하는가. 더 통합된 목소리가 필요한 이 바이러스 위기 시국에 걸맞지 않게 그들이 너무 급진적이라는 뜻이 아니다. 그렇기는커녕, 그들은 충분히 급진적이지 못했다. 그들은 자신의 프로젝트를 감염증 조건에서 재활성화할 수 있는 포괄적 새로운 전망을 제안해야 한다.

중국은 공산주의인가 자본주의인가?

"자본가들이 경제에서 강력한 역할을 하는 비자본주의국가를 상상할 수 있을까? 중국식 모델은 폭발적인 사회 불평등과 강력한 권위주의 국가가 결합되어 있기에 분명 해방 투쟁의 모델로는 기능할 수 없다. 하지만 사회적 삶의 어떤 부문에서는 자본주의 요소에 의탁하는 강한 비자본주의국가의 가능성을 미리부터 배제해서는 안 된다."

⋮

중국의 공식 사회 이론가는 오늘날 세계의 상을 간단히 말해 기본적으로 냉전 시대와 똑같은 모습으로 그려낸다. 전 세계에 걸친 자본주의와 사회주의의 투쟁은 식지 않고 거듭되며,

1989년 몰락 사태는 그저 일시적인 퇴행에 불과할 뿐이다. 그래서 현재 가장 강력한 상대는 더는 미합중국과 소비에트연방이 아니다. 미국과 여전히 사회주의국가인 중국이다. 중국에서 현재 진행되고 있는 것은 새로운 '중국식 사회주의'로 중국은 여전히 사회주의를 표방한다. 공산당이 권력을 쥐고 있으며 시장의 세력을 엄격하게 통제하고 지도한다.

작년에 작고한 이탈리아 마르크스주의자 로수르도(Domenico Losurdo)는 이 점을 자세하게 다루었다. 혁명 이후 곧바로 새로운 공산주의사회를 설립하려는 '정통' 마르크스주의를 비판적으로 논하면서, 방향을 바꾸거나 멈추기도 하는 점진적인 접근법을 옹호하는 '현실적' 관점을 펼쳤다. 보어(Roland Boer)는 로수르도가 2016년 상하이의 한 번잡한 거리에서 차 한잔을 하는 기억에 남을 만한 이미지를 불러온다. "북적대고 통행이 많고 광고가 난무하고 상점들이 늘어서 있으며 그 지역의 경제적 활력이 선명한 가운데 도메니코는 말했다. '이걸 보면 난 행복해. 사회주의가 할 수 있는 게 바로 이거지!' 내가 어리둥절한 표정을 짓자, 그는 미소를 띠며 이렇게 답했다. '나는 개혁과 개방에 전적으로 찬성이야.'"[1] 보어는 이 '개방'에 찬성하는 주장을 다시금 펼쳐간다. "사회주의적 평등과 집단적 행보에 중점을 둔 대부분의 노력은 생산관계를 지향하고 있다. 이는 대체로 괜찮지만, 만일 그냥 가난하기 때문에 모두가 평등하다면 혜택을 보는 사람이 거의 없다. 그래서 덩샤오핑과 협력자들은 마르크스주의의 또 다른 차원을 강조했다. 즉 생산력을 촉발할 필요였다."[2]

그러나 마르크스주의에 '생산력의 촉발'은 '또 다른 차원'이 아니라 생산관계를 변화시키기 위한 목표 그 자체이다. 마르크스의 고전적 정식을 보자. "일정한 발전 단계에 이르면 한 사회의 물질적 생산력은 현존하는 생산관계 혹은—동일한 사안을 단지 법적 용어로 표현하자면—이제까지 생산력들이 작동되어 왔던 체제 내부의 소유관계와 갈등을 일으킨다. 생산력의 발전 형태에서 보면 이러한 관계들은 굴레로 변한다. 그렇게 되면 사회 혁명의 시대가 열린다."[3]

아이러니한 일은 마르크스에게 공산주의는, 자본주의적 생산관계들이 생산수단의 더 많은 발전에 장애가 되어버려서 오로지 자본주의적 시장경제에서 사회화된 경제로 급작스럽거나 점진적으로 전진해야만 이 발전이 확보될 수 있는 상황에서 발생한다. 반면 덩샤오핑의 '개혁들'은 마르크스를 뒤집는다. 사회주의의 경제적 발전을 이루기 위해 일정한 때가 되면 자본주의로 돌아가야 한다는 논리다.

여기에는 극복하기 힘든 더 심각한 아이러니가 있다. 20세기 좌파는 두 가지 근대의 근본적인 경향에 반대하는 입장으로 정의된다. 하나는 공격적 개인주의와 그 소외의 동력학을 통한 자본의 지배이고, 권위주의적이고 관료중심적 국가권력이 다른 하나이다. 오늘날 우리가 중국에서 목도하는 것은 정확히 이 두

가지 특징이 극단적 형태로 결합된 모습이다. 강력한 권위주의적 국가와 맹렬한 자본주의적 동력학의 결합. 이것이 현재 사회주의의 가장 효율적인 형태여야만 한다. 정통 마르크스주의자는 '대립물의 변증법적 종합'이라고 말하길 즐긴다. 대립하는 경향의 가장 좋은 부분을 모을 때 진정한 진보가 일어난다는 생각이다. 중국은 대립하는 경향에서 최악으로 간주되는 것들—자유주의적 자본주의와 공산주의적 권위주의—을 모으는 데 성공한 것처럼 보인다.

이런 관점에서, 지난 수십 년 중국의 경제적 성공은 자본주의 생산적 잠재력의 증거보다는 자본주의에 대항한 사회주의 우월성의 증거로 해석된다. 베트남, 베네수엘라, 쿠바, 심지어 러시아 같은 사회주의국가에도 해당하는 이 관점을 유지하려면 이 새로운 사회주의가 강력한 사회적 보수주의로 뒤틀려버렸다고 봐야 한다. 그리고 이는 그와 같은 사회주의의 갱생이 뻔뻔스럽게도 비마르크스주의적인 이유이다. 자본주의가 국가 권력의 형태가 아니라 자본주의적 생산관계에 의해 정의된다는 마르크스주의의 기본 사항을 완전히 무시하는 처사이기 때문이다.[4] (여담이지만, 푸틴에 모종의 환상이 있는 사람들 모두는 그가 자신의 공식 철학자인 이반 일리인[Ivan Ilyin]의 위치까지 올라섰다는 사실을 유념해야 한다. 일리인은 러시아 정치신학자로서 1920년대 초반 저 유명한 '철학자의 증기선'에 태워져 소비에트연방에서 추방된 후, 볼셰비즘과 서구 자유주의에 맞서 자기 고유의 러시아 파시즘을 주창했다. 그는 가부장적 군주가 다스리는 유기적 공동체로서의 국가를 지향했다.)

그렇지만 우리는 이러한 중국식 처지에 일말의 진실이 있음도 인정해야만 한다. 비록 가장 광폭한 자본주의에서라도 누가 국가기구들을 통치하는지는 중요하다. 국가기구들은 경제 과정의 심장부에서 맹활약 중이며, 그저 자본의 재생산을 위한 법적 및 다른—교육 및 환경의—조건들을 보장하는 것 이상의 일을 수행한다. 여러 다른 형태로 국가는 경제의 직접적 주체로 활약한다. 그렇다면 우리는 과연 어느 정도까지 자본가들이 경제에서 강력한 역할을 하는 비자본주의국가를 상상할 수 있을까? 중국식 모델은 폭발적인 사회 불평등과 강력한 권위주의 국가가 결합되어 있기에 분명 해방 투쟁의 모델로는 기능할 수 없다. 하지만 사회적 삶의 어떤 부문에서는 자본주의 요소에 의탁하는 강한 비자본주의국가의 가능성을 미리부터 배제해서는 안 된다. 자본의 논리가 사회적 통합을 과잉 결정하는 원리가 되지 못하게 막으면서도 한정된 요소들과 영역에서 자본주의를 허용하는 일은 가능하다.

몇 해 전 덩샤오핑의 딸과 아는 한 중국의 사회 이론가가 내게 흥미로운 일화를 전해주었다. 덩샤오핑이 임종을 앞두고 있을 때 병문안을 온 참모들이 덩샤오핑에게 무엇을 그의 가장 큰 업적으로 생각하는지 물었다. 그들은 당연히 그가 중국에 엄청난 발전을 가져온 자신의 경제 개방 정책을 꼽으리라고 예상했다. 놀랍게도 덩샤오핑은 이렇게 대답했다. "아니야, 지도부에서 경제를 개방하기로 했을 때 끝까지 밀고 나가서, 다당제로 가려는 정계 개방 유혹을 참았던 일이야." (몇몇 자료에 따르면, 끝까지 개방하려는 경향이 당내 어떤 분파들에서는 매우 강했다. 당의 지도력을 유지하자는 결정은 미리 정해진 것이 전혀 아니었다고 한다.) 여기서 우리는 만일 중국이 민주주의 정치에 문을 열었다면 경제 발전이 훨씬 더 빨랐을 거라는 식으로 상상하고픈 자유주의의 유혹을 물리쳐야 한다. 민주주의 정치가 경제 발전을 가로막을 새로운 불안정과 긴장을 만들어낼 수도 있었다면 어떨까? 이 (자본주의적) 발전이 오로지 강력한 권위주의 권력이 지배하는 사회에서만 가능한 것이라면 어떨까? 초기 근대 영국에 관한 고전적 마르크스주의 명제들을 기억해보자. **정치**권력을 귀족계급에게 그대로 두고 자신들은 **경제**권력만 유지한 것은 부르주아계급 자신의 이해관계에 따른 일이었다. 어쩌면 이와 유사한 일이 지금 중국에서 벌어지는지도 모른다. 정치권력을 공산당의 수중에 두는 일은 새로운 자본주의자들의 이해관계에 부합했다.

슬로터다이크는 만일 지금으로부터 수백 년이 지난 다음에 사람들이 동상을 세울 사람을 하나 꼽는다면, 리콴유(李光耀)일 것이라고 말했다. 리콴유는 이른바 '아시아식 자본주의'를 만들어내고 실현한 싱가포르의 지도자였다. (물론 여기서 아시아식이란 아시아와 아무런 상관이 없고 전부 권위주의적 자본주의와 관련 있다.) 권위주의적 자본주의라는 바이러스는 천천히 그러나 확실하게 전 지구로 퍼지는 중이다. 개혁을 실행에 옮기기 전 덩샤오핑은 싱가포르를 방문하여 이 모델이 모든 중국인이 따라야 할 모범이라고 상찬했다. 이 변화는 세계사적 의미를 지닌다. 현재까지 자본주의는 민주주의와 불가분하게 연결되었다. 물론 때때로 노골적인 독재로 기운 적도 있었지만, 일이십 년이 지난 후에는 민주주의가 다시 세워졌다. (남한과 칠레의 사례만 떠올려도 충분하다.) 그러나 이제 민주주의와 자본주의 사이의 연결이 끊어졌다. 그래서 우리 미래의 모델을 중국식 자본주의적 사회주의로 삼게 될 가능성이 꽤 있다. 이는 우리가 꿈꾸어왔던 사회주의는 분명 아닐 것이다.

1. 롤랜드 보어, 〈도메니코 로수르도의 죽음〉. Roland Boer, "The Passing of Domenico Losurdo", STALIN'S MOUSTACHE, 2018. 07. 01. https://stalinsmoustache.files.wordpress.com/2020/05/2018-passing-of-domenico-losurdo.pdf (2020. 11. 20. 마지막 접속)
2. 같은 곳.
3. Karl Marx, "Contribution to the Critique of Political Economy" in Marxist Archive. 카를 마르크스, 《정치경제학 비판 요강》, 김호균 옮김, 그린비, 2007. https://www.marxists.org/archive/marx/works/1859/critique-pol-economy/appx2.htm (2020. 11. 20. 마지막 접속)
4. 이런 관점은 학술지《국제 비평 고찰(International Critical Thought)》의 7권 1호의 특집 논문들 참조.

사라지는 마르크스주의 학생들

“생태활동가든, 마르크스주의 학생이든, 인터폴 책임자든, 종교 사제든, 홍콩의 출판인이든, 심지어 유명 여배우든 간에 한 인물이 몇 주 동안 그냥 사라진다. 그러고는 특수한 혐의를 안고 대중에게 다시 모습을 드러낸다. 이 일정 기간 지속되는 침묵의 시간은 중요한 메시지를 전달한다.”

⋮

현재의 캄보디아는 세계에서 ‘발전도상’에 있는 지역의 적대주의를 상징한다. 얼마 전 그들은 마지막까지 살아남은 무장단체 크메르루주(Khmer Rouge)의 최후 지도자가 저지른 범죄를 비난했다. 적어도 공식적으로는 크메르루주가 벌인 끔찍한 일의 셈을 치르고 청산을 마친 지금 캄보디아는 어디쯤 서 있는가? 착취 노동의 현장이 넘치고, 아동 성매매가 판치며 외국인이 식당과 호텔 대부분을 소유한 상태. 하나의 비참함이 그저 미미하게만 나아 보이는 다른 비참함으로 대체된 형태에 불과하다. 비록 덜 극단적이지만 중국도 비슷한 곤경에 처한 것은 아닐까?

비판적인 목소리를 다루는 데 있어서 중국 당국은 하나의 특정한 조치에 점차 더 의존하는 인상이다. 생태활동가든, 마르크스주의 학생이든, 인터폴 책임자든, 종교 사제든, 홍콩의 출판인이든, 심지어 유명 여배우든 간에 한 인물이 몇 주 동안 그냥 사라진다. 그러고는 특수한 혐의를 안고 대중에게 다시 모습을 드러낸다. 이 일정 기간 지속되는 침묵의 시간은 중요한 메시지를 전달한다. 측정 불가능한 방식으로 권력이 행사되지만, 아무것도 증명할 수 없고, 합법적 추론은 이 기본 메시지가 받아들여지고 난 후에야 찾아온다. 그런데도 이 마르크스주의자 학생들의 증발 사건은 특이하다. 모든 증발은 어떤 식으로든 국가에 위협이 되는 행동을 벌인 인물들과 상관이 있다. 하지만 실종된 학생들의 경우 그들의 중요 활동은 공식 이데올로기 자체와 연관이 있기 때문에 정당했다.

지난 몇 년 동안 중국 지도층은 이데올로기적 교조주의를 재확인하기로 했다. 종교를 향한 관용이 감소했고, 마르크스, 레닌, 마오쩌둥의 저술들이 대규모로 재간행되는 등의 조치가 취해졌다. 그러나 그런 조치와 함께 전해진 메시지는 다르다. '심각하게 받아들일 것 없다!' 증발한 학생들이 하던 일도 바로 이런 것이기 때문이다. 공식 이데올로기에 따른 활동, 과도하게 착취되는 노동자들과의 연대, 생태주의와 여성의 권리 주장 등 말이다.

적어도 언론에 보도된 가장 잘 알려진 두 사례는 장성예(Zhang Shengye)와 웨신(Yue Xin)이다. 베이징대학교의 대학원생인 장성예는 캠퍼스를 산책하던 중 갑자기 검은색 차량에서 내린 검은색 재킷을 입은 남자 무리에 둘러싸였다. 그들은 장성예를 엄청나게 구타한 뒤에 차 안으로 밀어넣고는 차를 몰고 사라져버렸다. (휴대폰으로 그 사태를 촬영하던 다른 학생들 역시 매를 맞고 녹화된 것들을 삭제당했다.) 그 순간 이후 아무도 그에 관해 듣지 못했다.

같은 학교에 다니는 스물두 살의 여성 웨신은 고위 당 간부에게 강간당한 한 학생의 자살을 밝히기 위한 저항을 주도했는데, 역시 증발했다. 웨신의 어머니가 자초지종을 파악하기 위해 노력하자 그녀 역시 사라져버렸다. 웨신은 생태주의적 관심과 중국판 미투 운동을 노동자의 권리를 위한 투쟁과 결합한 마르크스주의 동아리의 회원이었다. 웨신은 여러 다른 대학에 다니는 십여 명의 학생과 광둥성 중부의 선전을 방문하여 그 지역 로봇 공장 노동자의 독립 노조 결성을 도와주었다. 이때 무자비한 공안의 진압으로 인해 50여 명에 달하는 학생과 노동자가 실종되었다.

당 지도층의 이러한 당혹스러운 대응을 촉발한 것은 물론 학생과 노동자 집단의 직접적이고 수평적인 연계, 마르크스주의에 기반을 두고 몇몇 연륜 있는 당 간부와 심지어 군부 일부의 동조를 얻어 등장하기 시작한 자기조직화 네트워크라는 유령이었다. 그러한 네트워크는 당 지배의 정당성을 대놓고 침해하고 공산당 지배를 사기 행위로 거부한다. 그렇기에 지난 몇 년 동안 많은 '마오이즘적' 웹사이트를 폐쇄하고, 대학 내 수많은 마르크스주의 토론 그룹을 금지한 것이 놀라운 일도 아니다. 오늘날 중국에서 가장 위험한 일은 공식 이데올로기 그 자체를 믿고 진지하게 받아들이는 행위이다.

그렇지만, 여기서 빠지지 말아야 할 함정이 있다. 온통 마르크스주의자 학생에게만 동조해서 그들이 승리했으면 하고 바라거나, 적어도 당이 노동자의 관심사를 진지하게 받아들이는 쪽으로 노선을 바꾸도록 하는 일의 부질없음이다. 우리는, 그리고 그들은 훨씬 근본적이고 불편한 질문을 던져야만 한다. 마르크스주의를 공식 이념으로 숭배하던 나라가 어째서 어떤 독립된 노동자의 운동도 가장 무자비하게 진압하고, 노동자 착취를 무소불위로 허용하는 국가가 되었는가? 따라서 중국 공산당이 마르크스주의 이념을 실질적으로 충실하게 따르지 못한다는 유감을 표하는 것만으로는 충분하지 않다. 이 이데올로기 자체에, 적어도 그 전통적 형태에 무언가 문제가 있는 것이라면 어떻게 해야 할까?

천하대란, 형세대호
天下大亂, 形勢大好

"자, 그러니 트럼프는 괴물이다. 그가 자신을 '꾸준한 천재'로 지칭할 때 우리는 이를 진실의 정반대로 받아들여야 한다. 그는 기존 체제를 흔드는 불안정한 멍청이다. 그러나 자체로 그는 하나의 증상, 즉 기득권 체제 자체의 문제가 불거진 효과이다. 진짜 괴물은 트럼프의 행동으로 인해 충격을 받은 바로 그 기득권 체제이다."

⋮

도널드 트럼프의 광적인 행보가 마무리되고 천천히 기억 저편으로 물러가고 있으니 그의 방문이 남긴 혼동의 황무지에 관해 생각해볼 때가 되었다. 트럼프는 2018년 7월 중순 세 곳을 방문했다. 그가 유럽연합의 주요 지도자를 만난 브뤼셀, 테레사 메이(Teresa May—보수당 지도자로 영국 총리를 역임)를 만나고 여왕을 알현한 런던, 푸틴과 마주했던 헬싱키. 모두들 트럼프가 미국의 우방보다 적성국으로 간주되는 쪽에 훨씬 살갑게 대했다는 희한한 사실을 지적했다. 그러나 그런 사실로 인해 너무 놀랄 필요는 없고, 우리 관심사는 마땅히 다른 쪽으로 향해야 한다. 트럼프의 경우 자주 그러듯이, 그가 무엇을 하고 뭘 말했는지보다 그의 행동에 대한 반응이 훨씬 중요하다.

트럼프가 했던 말과 그의 상대방이 했던 말을 비교하는 데서 출발해보자. 트럼프와 메이가 한 기자에게 유럽으로 이민자가 유입되는 상황을 어떻게 생각하느냐는 질문을 받았을 때, 트럼프는 무자비하고 노골적으로 자신의 포퓰리즘적 반이민 입장을 표명했다. 이민자는 유럽의 생활방식에 위협이 되며 폭력과 편협한 태도를 초래할 것이기에 그들을 막아야만 한다고 말했다. 주의 깊게 귀 기울인 사람이라면 테레사 메이 역시 정확히 똑같은 이야기를, 그저 좀 더 외교적이고 '점잖은' 방식으로 했다는 것을 쉽게 눈치챌 수 있다. 이민자는 다양성을 가져오고 복지에 이바지하지만, 누구를 받아들일지 세심하게 점검해야 한다는 이야기였다. 우리는 여기서 점점 더 선명하게 유일한 것으로 드러나는 명확한 선택의 취향을 마주한다. 직접적인 포퓰리즘적 야만주의 또는 동일한 정치학의 좀 더 세련된 변종, 즉 인간의 얼굴을 한 야만주의가 그것이다.

일반적으로 미국 내 공화당원과 민주당원을 비롯한 모든 층위를 망라하는 사람의 트럼프에 대한 반응은 패닉에 비견되는 전반적인 충격, 공포로 수렴한다. 트럼프는 믿을 수 없으며 혼돈을 불러일으킨다는 것이다. 그는 먼저 독일이 러시아산 가스에 의존하는 바람에 적에게 취약성을 드러내게 되었다고 꾸짖고는 며칠 뒤 푸틴과 자신의 우호적 관계를 자화자찬했다. 그는 점잖은 매너조차 없고(끔찍하다. 여왕을 알현한 자리에서 그는 국왕 참석시에 따라야 할 의전을 어겼다!), 미국의 가장 큰 적인 푸틴의 매력에 훨씬 열을 올린 반면 회담 중에 민주주의 파트너의 이야기에는 그다지 귀를 기울이지 않는다. 헬싱키에서 푸틴과 열었던 기자회견에서 트럼프가 행한 처신은 유례없는 굴욕이었을 뿐만 아니라—그냥 한번 생각해봐도, 트럼프가 푸틴의 선생처럼 굴지는 않았다.—그의 발언 일부는 심지어 명백한 반역 행위로 간주할 수조차 있었다. 푸틴이 뭔가 약점—모스크바에서 접대부가 트럼프에게 볼일을 보고 있는 그 유명한 사진들?—을 잡고 있기 때문이었는지, 트럼프가 얼마나 푸틴의 애완견처럼 굴었는지 수군대는 소문이 자자했다. 그러자 미국 기성 정치계의 일부, 민주당원, 몇몇 공화당원은 펜스 부통령이 그의 자리를 대체하게 되더라도 신속하게 탄핵하기로 마음먹기 시작했다. 결론은 미국의 대통령이 더는 자유세계의 지도자가 아니라는 사실일 따름이다. 그런데 언제는 미국의 대통령이 진짜로 그런 지도자이긴 했던가? 여기서부터 우리의 반론이 시작되어야만 한다.

우선 트럼프의 전반적으로 혼란스러운 발언에 군데군데 얼마간의 진실이 담겨 있다는 점에 주목해보자. 전쟁을 막기 위해서는 러시아 및 중국과 우호적 관계를 유지하는 것이 미국의 이해관계라고 말했을 때 어떤 의미에서는 그가 옳지 않았을까? 자신이 추구하는 관세전쟁이 미국 노동자의 이해관계를 수호하는 것이라고 표방했을 때 그가 부분적으로는 옳지 않았을까? 현존하는 국제무역과 금융의 질서가 정의로움과는 거리가 멀며 트럼프의 조치로 인해 타격을 받은 유럽의 기득권 세력도 자신 스스로 죄를 돌아봐야 한다는 점은 분명 사실이다. 현존하는 금융과 무역 규제가 강력한 유럽의 국가, 특히 독일에 특혜를 줌으로써 어떻게 그리스를 파탄 냈는지 우리는 벌써 잊어버린 것인가?

푸틴의 경우에 나는 그를 향한 혐의 대부분이 사실이라고 믿는다. 예컨대 2016년 미국의 선거에 개입한 사안은 아마도 그렇다고 보는데, 푸틴이 무슨 일을 벌이다가 걸리지 않았을까? 미국이 주기적이고 대규모로 벌이는 일은 그들 입장에서 보면 민주주의의 수호라고 부를 만한 것이다. 자, 그러니 트럼프는 괴물이다. 그가 자신을 "꾸준한 천재(stable genius)"로 지칭할 때 우리는 이를 진실의 정반대로 받아들여야 한다. 그는 기존 체제를 흔드는 불안정한 멍청이다. 그러나 자체로 그는 하나의 증상, 즉 기득권 체제 자체의 문제가 불거진 효과이다. 진짜 괴물은 트럼프의 행동으로 인해 충격을 받은 바로 그 기득권 체제이다.

트럼프의 행동에 대한 당혹한 반응은 그가 미국의 정치적 기성 체제와 이데올로기를 손상하고 불안하게 만든다는 사실을 증명한다. 따라서 우리가 내려야 할 결론은 다음과 같다. 맞다, 상황은 위태롭고, 국제 관계에는 불확실성과 대혼란의 요소가 존재한다. 그러나 지금이야말로 우리는 마오쩌둥의 오래된 전언을 기억해야 할 것이다. 천하대란, 형세대호! 정신을 차리고 좌파 진영부터 또 다른 반기득권 전선을 체계적으로 조직하여 혼돈을 헤쳐나가야 한다. 조짐은 선명하다. 민주적 사회주의자를 자처하는 알렉산드리아 오카시오-코르테스가 뉴욕 의회 예비선거에서 10선의 하원 현역 의원인 조 크롤리(Joe Crowley)에게 거둔 놀라운 선거의 승리가 민주당을 혁신시킬 일련의 충격 가운데 첫 번째였기를 희망한다. 자유주의 기성 세력의 잘 알려진 인물이 아니라 그녀 같은 사람이 트럼프에 맞선 우리의 대답이어야 한다.

모든 투쟁을
아우를 수 있을까?

"모든 폭발하는 요구사항과 불만의 표현에도 시위대는 자신들이 실제로 뭘 원하는지 모르며, 원하는 사회 비전도 없다는 점이다. 시스템을 향해 목소리를 높이지만 시스템 내에서 해결할 수 없는 뒤죽박죽의 요구들만 외친다. 이 특징이 바로 핵심이다. 그들의 요구는 현존하는 시스템에 뿌리를 둔 이해관계를 표현한다."

⋮

마주한 난국을 잠시 들여다보기만 해도 이미 우리가 여러 겹의 사회적 투쟁에 둘러싸여 있음이 분명해진다. 자유주의적 기득권 세력과 새로운 포퓰리즘, 생태주의적 투쟁, 페미니즘과 성해방을 위한 투쟁, 민족적이고 종교적인 투쟁, 보편적 인권을 위한 투쟁, 우리 삶의 디지털화된 통제에 저항하는 싸움 등. 다른 모든 투쟁에 핵심 동력을 주는 '진정한' 투쟁으로, 어떻게 하면 이들 중 어느 하나(예컨대 경제투쟁, 페미니즘 투쟁, 반인종차별주의 투쟁)를 쉽게 특권화하지 않으면서도, 함께 아우를 수 있을까? 반세기 전 마오이즘의 물결이 최고조에 달했을 때, 마오쩌둥의 '주요' 모순과 '부차' 모순 구분법은 정치 논쟁의 공통된 토론 거리였다. 어쩌면 이 구분법은 소생시킬 만한 가치가 있을 법하다.

마오쩌둥의 모순론: 주요 모순과 부차 모순

마오쩌둥은 '모순'을 거론할 때 그 용어를 대립물의 투쟁이라는 단순한 의미에서, 사회적이고 자연적인 적대라는 뜻에서 사용한다. 헤겔이 정식화했던 엄밀한 변증법적 의미로 사용하지 않는다. 마오쩌둥의 모순론은 네 가지 측면에서 재음미할 수 있다. 첫째, 특정한 모순은 하나의 사물을 근본적으로 정의하며 사물을 그것 본모습으로 존재하게 한다. 이 모순은 사물의 실수, 실패, 오작동이 아니라 어떤 의미에서는 한 사물을 지탱하는 바로 그 특성이다. 이 모순이 사라진다면, 그 사물은 정체성을 상실한다. 고전적 마르크스주의의 사례를 들면, "지금까지의 역사에서 모든 사회를 규정하는 주요 '모순'은 계급투쟁이다."라는 테제가 있다. 둘째, 하나의 모순은 단일하지 않고, 다른 모순(들)에 의존한다. 마오쩌둥이 든 예로는, "자본주의사회에서 프롤레타리아트와 부르주아 사이의 모순은 다른 '부차적' 모순들, 예컨대 제국주의와 식민지 사이의 모순과 중첩된다."는 명제를 꼽을 수 있다. 셋째, 식민지는 오직 자본주의에서만 존재하듯 이 부차 모순은 주요 모순에 근거를 두지만, 주요 모순이 항상 지배적 모순인 것은 아니고, 모순이 차지하는 중요성은 자리를 바꿀 수 있다. 예컨대, 한 국가가 점령당했을 때 지배계급은 자신의 특권적 지위 유지를 위해 대체로 점령자와 협력하도록 포섭되기 때문에, 정복자에 대항한 투쟁이 우위를 차지한다. 동일한 이야기가 인종차별주의의 경우에도 해당한다. 인종적 긴장과 착취가 존재하는 국가에서 실질적으로 노동자계급을 위해 투쟁하는 유일한 길은 인종차별주의와 싸우는 데 집중하는 것이다. (이 점은 왜 백인 노동자계급에 호소하는 일이 오늘날 극우 포퓰리즘의 경우처럼 계급투쟁을 배반하는 일인지 설명해준다.) 넷째, 주요 모순 역시 변할 수 있다. 우리는 어쩌면 오늘날 생태적 투쟁이 현대사회의 "주요 모순"을 가리킨다고 주장할지 모르겠다. 왜냐하면 인류 자체의 집단적 생존에 위협이 되는 문제에 관련되기 때문이다. 물론 우리는 "주요 모순"이 전 지구적 자본주의 시스템의 적대관계로 존재한다고 주장할 수 있는데, 왜냐하면 생태적 문제가 이윤을 추구하는 자본주의적 탐욕에 추동되는 자연 자원의 과도한 착취의 결과이기 때문이다. 그렇지만 우리의 생태적 엉망진창이 자본주의적 팽창의 결과로 쉽게 환원될 수 있는지 의구심이 드는데, 자본주의 이전에도 인간이 연루된 생태적 재난은 존재했고, 번창하는 후기자본주의사회 역시 동일한 파국에 직면하지 않을 이유가 없기 때문이다.

요약해보면, 항상 하나의 주요 모순이 존재하지만, 모순이 차지하는 중요성은 자리를 바꿀 수 있다. 따라서 복잡한 일련의 모순을 다루려면, 우세한 모순을 파악해야 한다. 하지만 주요 모순과 비주요 모순은 정태적이지 않으며 시간을 두고 서로 다른 것으로 변형된다는 사실 또한 명심해야 한다. 이러한 모순의 복수성은 단지 우연에 좌우되는 경험적 사실만은 아니고, 하나의 개별 모순이라는 개념 그 자체를 규정한다. 모든 모순은 '적어도 하나의' 다른 모순의 존재에 근거하며, 그 모순의 '수명'은 다른 모순과 어떻게 상호작용하는가에 달려 있다. 하나의 모순이 홀로 존재한다면, 이는 (대립물의 투쟁인) 모순이 아니라 고정된 대립에 불과하다. '계급투쟁'은 그 투쟁이 어떻게 남녀의 관계, 생산과정에 벌어지는 자연과의 싸움, 서로 다른 문화와 인종 사이의 긴장 관계 등을 중첩 결정하는가에 좌우된다.

비록 이러한 되새김이 구닥다리 같고 가망 없이 낡은 것처럼 보일 수 있겠지만, 오늘날 새로운 현실성을 얻고 있다. 나의 첫 번째 '마오이즘적' 주장은 오늘날 벌어지는 각각의 투쟁에 올바른 입장을 취하기 위해서, 우리는 각각의 투쟁을 다른 투쟁과의 복잡한 상호작용 내에 위치하도록 해야 한다는 것이다. 여기서 중요한 원칙은 오늘날 유행과 반대로 대립의 '이분법적'

형태를 고수해야 하며 복수의 것으로 현상하는 모든 입장을 '이분법적' 대립의 조합으로 바꾸어야만 한다는 점이다. 현재 우리를 세 개의 주요한 입장, 자유주의-중도파의 헤게모니, 우파 포퓰리즘, 신좌파로 나누는 것이 아니라 두 개의 적대관계로 양분한다. 우파 포퓰리즘 대 자유주의-중도파 기득권 세력의 대립, 그리고 이 둘을 합친 현존 자본주의 질서의 두 측면을 대변하는 세력 대 이에 맞서는 좌파의 대결이다.

간단한 사례인 마케도니아(Macedonia, 현재는 북마케도니아)로부터 시작해보자. 이 나라의 이름이 뭐가 문제인가? 2018년 6월 마케도니아와 그리스 정부는 '마케도니아'라는 이름의 문제를 어떻게 해결할 것인지 합의에 도달했다. 마케도니아는 이름을 '북마케도니아'로 바꾸기로 한다는 것. 이 해결책은 두 나라 급진 세력의 즉각적인 반발을 불러왔다. 그리스의 반대파는 '마케도니아'가 그리스의 오래된 이름이라고 주장했고, 마케도니아의 반대파는 자신만이 스스로를 '마케도니아인'으로 부르는 유일한 사람이기에 '북부' 지역으로 축소됨으로써 굴욕적이라고 느꼈다. 불완전할 수밖에 없었지만, 이 해결책은 합리적 협상에 의해 길고 의미 없는 싸움을 끝낼 일말의 희망을 제공했다.

그런데 이 해결책은 다른 '모순'에 빠져버렸다. 미국과 유럽연합을 한편으로 하고 러시아가 다른 편에서 대립하는 열강 간의 싸움에 빠진 것이다. 서구 유럽은 양측에 압력을 넣어서 협상을 받아들이고 이를 통해 마케도니아가 신속하게 유럽연합과 북대서양조약기구에 가입할 수 있길 종용했다. 반면, 바로 그와 동일한 이유로 발칸 지역에서 영향력이 상실될 위험을 간파한 러시아는 이에 반대하면서 양쪽 국가의 극렬한 보수주의적 국수주의자 세력을 지원했다. 그러니 어느 편을 들어야 하는가? 내 생각엔 우리가 분명하게 협상의 편을 들어야 한다고 보는데, 그것이 문제를 푸는 유일하게 현실적인 해결책이기 때문이다. 러시아가 반대한 것은 다른 해결책을 제시하지 못한 채 단지 자신의 지정학적 이해관계를 챙기려는 이유 때문이다. 여기서 러시아 편을 드는 일은, 마케도니아와 그리스 관계의 독특한 문제를 해결하기 위한 합리적 해결책을 국제적인 지정학적 이해관계에 희생시키는 짓을 뜻하게 된다.

자, 다음으로 어산지와 위키리크스의 사례를 다뤄보자. 여기에도 역시 두 가지 싸움이 서로 얽혀 있다. 그 싸움에 개입하고 있는 거대 언론은 어산지의 러시아 연계성과 그의 과거 미국 대선 '방해' 여부에 초점을 맞춘다. 그가 매너포트(Paul Manafort—미국의 정치 로비스트. 오랫동안 공화당의 정치 자문을 했다.)를 만났느냐 아니냐는 것이다. 여기서 다루는 문제는 더러운 정치적 게임이다. 영국 정부가 그냥 단순하게 '위키리크스 때문에 미국으로 추방되지는 않을 것'이라고 말하는 대신 '사형을 받을 수도 있는 국가로 어산지를 추방하지는 않을 것'이라고 밝혔을 때, 이는 실질적으로 그가 미국으로 추방될 가능성을 확인한 것이었다. 그러나 우리는 여기서 단지 "부차적 모순"과만 관련된 이 논쟁에 함몰되어서는 안 된다. 위키리크스는 미국과 러시아 사이의 싸움, 트럼프와 미국 기득권 세력 간의 싸움—2016년 미 대통령 선거의 '러시아 연계'—에 놓인 한 요소 그 이상이다. 여기서 "주요 모순"은 우리의 일상을 디지털로 통제하고 조작하는 새로운 형태에 저항하는 싸움, 국가기관과 거대 기업의 연합에 대항한 싸움이다. 이들은 점차 우리 삶에 보이지 않는 통제의 손길을 뻗치며, 우리는 대체로 통제에 관해 의식하지 못한다. 위키리크스는 바로 이 문제와 연관되어 있고, 어산지의 실수를 둘러싼 논쟁은 이 핵심 논점을 흐리는 일이다.

화웨이의 최고재무관리자이자 회사 설립자의 딸인 멍완저우(孟晩舟)가 밴쿠버에서 체포된 이야기를 해보자. 그녀는 미국의 이란 제재를 위반한 혐의로 기소되었다. 미국으로의 추방을 앞두고 있는데, 유죄가 인정된다면 미국에서 30년을 복역해야 할 수도 있다. 여기서 무엇이 진실인가? 거의 십중팔구 어떤 식으로든 모든 거대 기업은 부주의하게 법을 위반한다. 그러나 이것은 "부차 모순"에 불과할 뿐임이 더없이 분명하고, 또 다른 싸움이 여기서 진행된다. 이는 이란과의 무역 문제가 아니라 디지털 하드웨어와 소프트웨어 생산의 지배권을 둘러싼 거대한 전쟁이 문제다. 화웨이는 더는 대만 속 폭스콘(Foxconn) 중화민국이 아닌 중화인민공화국 자체를 상징한다. 즉 다른 곳에서 개발된 기계를 조립하는 반노예적 노동의 장소지만 소프트웨어와 하드웨어도 또한 고안되는 장소를 뜻한다. 중국은 디지털 시장에서 일본의 소니나 한국의 삼성보다 더 강력한 행위자가 될 잠재성을 지녔다.

중첩되는 모순들

특정한 사례를 거론하는 일은 그만하자. 보편적 인권을 향한 투쟁의 경우엔 사정이 훨씬 더 복잡하다. 여기서 이러한 인권을 주창하는 사람들과 보편적 인권은 진짜로 보편적이기보다 개인이 집단에 비해 우선권을 갖는다는 식의 서구적 가치에 암암리에 특권을 부여하기 때문에 이데올로기적 신식민주의의 한 형태라고 경고하는 사람들 사이에 '모순'이 생겨난다. 후자는 인권을 거론하는 일이 이라크에서 리비아에 이르는 수많은 군사적 개입을 정당화하는 데 복무한 것이 놀라운 일이 아니라고 주장한다. 보편적 인권의 수호자는 이들의 거부가 종종 권위주의적 지배와 억압의 국지적 형태를 특정한 삶의 방식에 속하는 요소들로 간주하여 정당화한다고 비판한다. 여기서 어느 편을 들어야 할까? 중도적 타협으로는 충분치 않고, 우리는 아주 정확한 이유에서 보편적 인권에 우선권을 부여해야 한다. 보편성의 차원은 복수인 삶의 방식이 공존할 수 있는 매개로 기능해야 하며, 서구식 인권의 보편성 개념은 자체의 한계를 드러내주는 자기비판의 차원을 포함하고 있기 때문이다.

표준적인 서구의 보편적 인권 개념을 특정한 편향 때문에 비판하게 된다면, 이 비판 자체는 우리로 하여금 허위의 보편성이 주는 왜곡을 볼 수 있게 좀 더 진정한 보편성의 개념을 언급해주어야 한다. 그러나 어떤 형태로든 보편성은 항상 여기에 존재한다. 심지어 서로 다르고 궁극적으로 양립불가능한 삶의 방식 간의 공존을 지향하는 온건한 전망조차 이 보편성에 근거를 둔다. 요컨대, 이 말이 뜻하는 바는 "주요 모순"이 서로 다른 삶의 방식 간 긴장 관계의 모순이 아니라 각 삶의 방식 내부—'문화' 즉, 삶의 주이상스를 조직화한—에 있는 특수성과 보편성 간의 대립이라는 것이다. 기술적 용어로 표현하자면, 개별 삶의 방식은 그 정의상 '실용적 모순'에 빠져 있는데, 그 삶의 타당성은 다른 삶의 방식의 존재에 의해서가 아니라 그 자체의 비일관성으로 인해 효력을 잃는다.

인종차별적이고 성차별적인 천박함으로 타락한 극우들과 정치적으로 올바른 완고한 규제적 도덕주의 사이의 '모순'에 이르면 사정이 훨씬 더 복잡해진다. 해방을 향한 진보적인 투쟁의 관점에서 보면 이 '모순'을 주요한 것으로 받아들이지 **않고** 그 속에서 대체되고 왜곡된 계급투쟁의 메아리를 폭로하는 일이 핵심적이다. 파시즘적인 방식으로 우파 포퓰리즘이 적으로 삼는 인물—금융 엘리트와 밀려드는 이민자의 조합—은 사회적 위계질서의 양극단을 결합하며 그로 인해 계급투쟁을 흐리게 만든다. 그 반대편에서는 이와 거의 균형을 맞추어, 정치적으로 올바른 반인종차별주의와 반성차별주의가 자신들의 궁극적 표적이 백인 노동자의 인종차별과 성차별임을 거의 숨기지 않음으로써 마찬가지로 계급투쟁을 중화시킨다. 정치적 올바름을 '문화적 마르크스주의'라고 지칭하는 일이 옳지 않은 이유가 여기에 있다. 우리 통념과는 반대로, 정치적 올바름은 그 모든 사이비 급진성에도 마르크스주의 개념에 대항하는 '부르주아' 자유주의의 최후 방어기제로서, "주요 모순"인 계급투쟁을 혼탁하게 만들거나 추방해버린다.

동일한 논리가 트랜스젠더와 미투 운동에도 해당된다. 이것 역시 계급 적대를 핵심부에 끌어들이는 계급투쟁이라는 "주요 모순"에 의해 중첩 결정된다. 흑인 여성인 타라나 버크(Tarana Burke)는 십 년도 더 전에 미투 운동을 시작했는데, 최근의 한 비판적인 메모에서 이 운동이 시작된 이래 수년 동안 흔들림 없이 가해자에 집중해서 비난을 하고 법적 책임을 묻고 몰지각한 행동을 지탄하는 쳇바퀴를 돌아왔다고 말했다. "미투를 둘러싼 대중 서사가 답보 상태에서 변화하길 바라기에 우리는 쉴 틈 없이 일을 하고 있다. 젠더 간의 전쟁이라는 서사, 반남성적이라는 서사, 남성과 여성의 대결이라는 서사, 어떤 특정한 유형의 사람, 예컨대 백인, 시스젠더, 이성애자, 유명인사 여성에게만 해당하는 일이라는 서사를 바꾸어야만 한다."[1] 요컨대 우리는 미투 운동의 초점을 매일매일 고통받는 수백만 명의 평범한 일하는 여성과 전업주부로 바꾸는 노력을 기울여야만 한다. 이 일은 단호하게 실행될 수 있다. 예를 들어 한국의 경우 미투 운동은 성적 착취에 반대하는 수만 명의 평범한 여성을 폭발시켜 시위에 나서게 했다. 오직 두 "모순들", 즉 성 착취와 경제적 착취 간의 연계를 통해서만 우리는 다수의 군중을 움직일 수 있다. 남성을 잠재적 강간범으로만 묘사해서는 안 되며, 여성을 폭력적으로 지배하려는 태도가 자신의 경제적 무능력이라는 경험에 매개되어 있다는 점을 남성이 깨닫게 해야 한다. 진정으로 급진적인 미투 운동은 남성에 반대하는 여성의 행동이 아니라 남녀의 연대를 모색하는 일이다.

프랑스의 노란 조끼 시위

노란 조끼 시위는 우리가 이야기하고 있는 모든 것을 집약해서 보여준다. 이 시위는 프랑스에서 휘발유와 경유에 부과되는 새로운 환경세를 둘러싼 광범위한 불만에서 퍼져나간 풀뿌리 운동으로 시작되었다. 이 조치는 대중교통이 없는 대도시 외곽 지역에서 살면서 일하는 사람에게 충격파가 큰 것으로 생각되었다. 몇 주 동안 이 운동은 점점 더 커져서 다양한 요구사항의 집합체를 이루게 되었는데, 프랑스의 유럽연합 탈퇴를 외치는 프렉시트, 세금감면, 연금인상, 일반 프랑스 국민의 소비력 증대 같은 요구들을 포함했다. 그것들은 좌파 포퓰리즘의 전형적 사례, 즉 세금감면과 교육 및 건강보험 보조금인상, 값싼 연료비와 생태주의적 투쟁같이 아무런 일관성 없이 사람들의 분노가 폭발한 양상을 보여준다. 비록 새로운 휘발유 세금은 누가 봐도 구실 혹은 핑곗거리일 뿐이고 시위대가 '실제로 원하는' 것은 아니었지만, 이 시위를 촉발한 것이 지구온난화에 반대하여 행동하기 위한 조치였다는 사실을 기억하는 게 중요하다. 트럼프가 노란 조끼 시위대를 열성적으로 지지한 일은 전혀 놀랍지 않다. (몇몇 시위대는 환각에 빠져 "트럼프가 필요해!"라는 구호도 외쳤다.) 그들의 요구사항 중 하나가 파리협약의 프랑스 탈퇴라는 것임을 그가 알아본 것이다. 호텔 방문 앞에 우리는 "방을 치워주세요!"나 "방해하지 마세요!"라는 팻말 둘 중 하나를 걸어놓을 수 있다. 이 팻말을 볼 때마다 나는 한쪽에 이런 말이 쓰여 있는 팻말을 상상하곤 한다. "방을 치우는 동안 방해하지 마세요!" 노란 조끼 시위대의 요구사항들도 이와 비슷하게 서로 모순된 요구들의 조합이 아니었을까? "값싼 연료를 제공하는 동안 우리 환경을 보호해주세요!"라는.

노란 조끼 시위는 정치적 엘리트—경영이나 금융 엘리트 이상의—를 겨냥하여 대규모 대중 저항 시위를 조직하는 프랑스 좌파 특유의 전통에 잘 부합한다. 하지만 68년 시위와 정반대로 노란 조끼 시위는 훨씬 더 **지극히 프랑스적인**(France profonde) 운동, 거대한 도심지에 반대하는 시위로서, 이는 이 운동의 좌파적 성격이 훨씬 희석되었다는 것을 뜻한다. (르펜과 멜랑숑은 둘 다 이 시위를 지지한다.) 예상되었듯이 논객들은 이 봉기의 에너지를 어떤 정치적 세력, 즉 르펜 혹은 신좌파 중 어느 쪽이 전

노란 조끼 시위대의 행진 모습. 프랑스에서 2018년 11월 환경오염 방지 대책으로 마크롱 대통령이 유류세 인상을 발표했고, 시민들이 서민에게 부담을 지운다는 이유로 반발하며 시작되어 점차 확산되었다.

유할 것인지 질문을 던지며, 순수주의자는 기성 정치로부터 거리를 두는 '순수한' 시위 운동에 머물러야 한다고 요구한다. 여기서 분명히 해야 할 것은 이 모든 폭발하는 요구사항과 불만의 표현에도 시위대는 자신들이 실제로 뭘 원하는지 모르며, 원하는 사회 비전도 없다는 점이다. 시스템을 향해 목소리를 높이지만 시스템 내에서 해결할 수 없는 뒤죽박죽의 요구들만 외친다. 이 특징이 바로 핵심이다. 그들의 요구는 현존하는 시스템에 뿌리를 둔 이해관계를 표현한다.

그들이 이러한 요구를 그 정치적 시스템의 가장 최상의 형태, 즉 프랑스에서는 마크롱(Emmanuel Macron) 정부를 뜻하는 시스템을 향해 퍼붓고 있다는 점을 잊어서는 안 된다. 이 시위들은 마크롱 체제의 종말을 표현한다. 마크롱에게 품었던 열광, 그가 우파 포퓰리즘의 위협을 물리칠 뿐만 아니라 진보적인 유럽의 정체성을 향한 새로운 비전을 제공하리라고 보았던 희망을 떠올려보자. 하버마스와 슬로터다이크와 같이 서로 대립하는 철학자들조차 마크롱을 지지하게 만든 그 희망 말이다. 마크롱을 둘러싼 그 모든 좌파 진영의 비판, 그의 프로젝트가 지닌 치명적 한계들을 둘러싼 모든 경고가 어떻게 '객관적으로' 마린 르펜을 도와주는 것으로 일축되었는지 떠올려보자. 프랑스에서 계속되는 이 시위는 마크롱을 지지했던 열광의 서글픈 진실과 잔인하게 마주하게 한다. 2018년 12월 10일 시위대를 향해 진행한 마크롱의 텔레비전 연설은 볼썽사나운 공연이었고, 반쯤은 타협이고 반쯤은 사과가 곁들여졌으나 아무도 설득하지 못하고 전망의 결핍만을 부각시켰다. 마크롱이 현존 시스템의 최상일 수는 있지만, 그의 정치는 계몽적 기술지상주의(technocracy)의 자유민주주의적 좌표들 내부에 자리하고 있다.

변비로 고생한 사람은 누구나 알고 있듯이 주입제(좌약, suppository)는 배변을 활성화하는 항문에 삽입하는 고체성 제약 형태이다. 나는 저토록 고상하고 철학적 풍미가 있는 용어가 하필 다소 혐오스러운 임무에 쓰이는지 늘 이상하게 여겼다. 많은 경제 전문가들이 일반 사람들을 고통에 빠뜨릴 잔인한 조치를 일컬을 때 '안정화(stabilization)' 내지는 '조절(regulation)' 같은 말을 지껄이는 방식도 이와 마찬가지 아닐까? 마크롱은 바로 그 전문가적 프레임에 머물러 있었고 그로 인해 시위대를 향한 그의 대응은 혼란을 초래했다.

따라서 우리는 시위대에게 조건부로 승인해야만 한다. 조건부인 이유는 좌파 포퓰리즘이 이 시스템의 유력한 대안을 마련하지 못한다는 게 분명하기 때문이다. 말을 바꾸면, 시위대가 어찌해서 승리하여 권력을 잡고 현존하는 시스템의 좌표들 내에서 그리스의 시리자처럼 행동한다고 가정해보자. 무슨 일이 벌어지겠는가? 아마도 모종의 경제 파탄이 올 것이다. 이는 우리가 단순히 다른 사회경제 시스템, 시위대의 요구를 충족시켜줄 수 있는 시스템이 필요하다는 뜻이 아니다. 근본적 변화의 과정은 전혀 다른 요구와 기대 역시 불러일으키기 마련이다. 예컨대 연료의 가격만 해도, 실제로 필요한 것은 그저 값싼 연료가 아니다. 진짜 목표는 생태친화적 근거에 기반해 석유 의존도를 낮추는 것이고, 교통수단뿐만 아니라 우리의 삶 전체를 바꾸는 일이다. 마찬가지 이야기가 세금감면과 건강보험 및 교육의 개선에도 해당한다. 전체 패러다임이 바뀌어야만 할 것이다.

똑같은 생각이 우리가 마주한 커다란 윤리-정치적 문제, 즉 난민의 행렬에 어떻게 대처할 것인가라는 문제에도 적용된다. 해결책은 들어오길 원하는 모든 사람에게 그냥 국경을 개방하거나 이 개방성을 일반적인 죄책감—"서구의 식민화가 가장 큰 범죄이고 우리는 이를 영원히 되갚아야 할 것입니다."—에 돌리는 일이 아니다. 이런 수준에 머무르게 된다면, 이민자와 이들을 위협으로 느끼는 지역 노동자계급의 갈등이 들끓어서 자신의 우월한 도덕적 입지를 다지는 권력자의 이해관계에 철저히 봉사하는 셈이 된다. (우리가 이런 방향으로 생각하기 시작하면, 정치적으로 올바른 좌파는 즉각 파시즘이라고 외쳐댄다. 〈국경 개방에 반대하는 좌파의 사례(The Left Case against Open Borders)〉라는 빼어난 에세이를 쓴 안젤라 네이글[Angela Nagle]에게 쏟아진 난폭한 공격을 보라.)[2] 다시금 국경 개방을 옹호하는 사람과 포퓰리즘적 반이민주의자의 '모순'은 가짜 "부차 모순"이며, 이 허위 모순의 궁극적 기능은 시스템 자체 변화의 필요성을 흐지부지하는 것이다. 난민을 발생시키는 것은 국제적 경제시스템 전체, 그 현재적 형태이다.

이는 곧 우리가 참을성 있게 거대한 변화를 기다려야만 한다는 뜻인가? 그렇지 않다. 우리는 온건해 보이지만 마치 두더지가 끈질기게 땅 밑에서 굴을 파듯 현존하는 시스템의 기반을 침해할 조치를 당장 시작할 수 있다. 신용과 투자를 작동시키는 규칙에 영향을 줄 수 있는 전체 금융시스템의 점검은 어떤가? 난민이 발생하는 제3세계 국가의 착취를 방지하기 위한 새로운 규제를 부과하는 것은 어떨까?

68혁명의 오래된 구호, "현실주의자가 되어, 불가능한 것을 요구하자(Soyons realists, demandons l'impossible)!"는 여전히 유효하다. 그 구호가 받아들여야 하는 변화를 우리가 인정하는 한에서 그러하다. 첫째, 시스템이 해결할 수 없는 요구—국경 개방, 건강보험 개선, 고임금 등—를 통해 현 시스템에 공격을 퍼붓는다는 뜻에서 '불가능한 것의 요구'가 존재한다. 우리는 지금 우리의 지배자(기술 관료들)를 신경질적으로 자극하는 와중에 있다. 이 자극은 한 걸음 더 나아간 조치로 이어져야만 한다. 시스템에서 불가능한 것을 요구하지 말고 시스템 자체의 '불가능한' 변화를 요구하는 일. 그런 변화가 '불가능해' 보이고 현 시스템의 좌표 내에서는 생각하기 어렵지만, 이 변화는 분명 우리가 처한 생태주의적이고 사회적인 곤경이 요구하는 것이며 유일하게 현실적인 해결책을 제공한다.

이쯤에서 분명히 해두자. 이런 핵심 행보를 내딛기 위해서는 신경증 환자에서 주인으로의 변화가 일어나야 하며, 새로운 주인이 필요하다는 것. 여기서 우리는 더없이 칭송되는 프랑스 시위대의 '지도자 없는' 특성, 그들의 두서없는 자기조직화의 치명적 한계와 직면하게 된다. 지도자가 대중의 이야기를 듣고 그들이 원하는 프로그램, 그들의 이해관계를 정식화하는 것으로는 충분치 않다. 대량생산한 차를 순차적으로 시장에 내놓으면서, 사람들이 원하는 바를 따르지는 않았다고 말했던 늙은 헨리 포드가 옳았다. 그가 간명하게 표명했듯, 뭘 원하는지 물으면 대중은 "마차를 끌 더 좋고 더 힘센 말"이라고 대답했으리라는 것이다.

이 통찰은 스티브 잡스가 남긴 고약한 구호에서도 메아리친다. "대부분의 경우, 당신이 그것을 보여주기까지 사람들은 자신들이 뭘 원하는지 모른다." 잡스의 행보에서 비판할 수 있는 것이 많음에도 그는 자신의 모토를 이해한 방식에서 진정한 지도자에 근접했다. 애플이 고객이 원하는 것을 어느 정도 활용하는지 질문받았을 때 그는 심드렁하게 대꾸했다. "없어요. 본인이 원하는 것을 아는 일은 고객의 몫이 아니에요. 우리가 원하는 것은 우리가 생각합니다." 이 주장의 놀라운 반전에 주목해보자. 고객들은 자신들이 원하는 것을 알지 못한다고 부정한 다음, 잡스는 그에 정반대되는 문장, 즉 "고객이 원하는 것을 생각해낸 뒤 시장에서 '그것을 보여주는 일'은 우리 같은 창조적 자본가들의 임무입니다."라고 말하지 않는다. 대신에 그는 "**우리가** 원하는 것은 우리가 생각합니다."라고 말을 이어간다. 이것이 진정한 지도자가 일하는 방식이다. 그는 사람들이 무엇을 원하는지 생각하려고 노력하지 않는다. 그는 단지 자신의 욕망에만 충실할 뿐이며 따라서 그를 따라올지 여부는 사람들이 결정해야 할 몫이다. 다시 말해, 그의 위력은 자신의 비전을 추구하는 충실성, 아무런 타협 없이 추구하는 태도에서 나온다.

동일한 이야기가 오늘날 필요한 정치 지도자에게도 해당한다. 프랑스의 시위대가 좀 더 나은, 더 강하고 더 값싼 말을 원하는가? 이 경우에는 아이러니하게도 차에 필요한 더 값싼 연료다. 자동차가 도입되면 더는 말먹이의 가격이 문제되지 않는 것과 마찬가지로, 그들에게는 연료의 가격이 더는 문제되지 않는 어떤 사회의 전망이 주어져야 한다.

이쯤 되면 내 주장에 반박하는 입장이 나올 법하다. 노란 조끼 시위대의 '무질서하고' 지도자 없고 탈집중화된 특성이야말로 바로 그들의 힘이라는 주장 말이다. 국가권력에 요구사항을 제시하며 이를 통해 스스로 대화 상대로 부각하는 명확한 행위자 대신, 우리에게는 다형적인 대중의 압력이 있다는 것. 권력을 쥔 자들을 공포에 몰아넣는 것은 바로 이 압력이 선명한 반대 세력으로, 특정화될 수 없으며 네그리가 다중이라고 부른 것의 형태라는 이야기다. 만일 그러한 압력이 구체적 요구들로 표현된다면, 이 요구들은 시위대가 실제로 원하는 것이 아니게 된다. 그렇지만 어떤 시점에서 신경증적 요구들은 정치적 프로그램으로 번역되어야만 한다. 그렇지 않으면 소멸한다. 그리고 우리는 어쩌면 시위대의 요구를 자유민주주의적 자본주의 질서 그 자체에 대한 훨씬 더 깊은 불만으로 읽어야만 한다. 왜냐하면 이 질서 내에서 모든 요구는 의회라는 정치적 대표 기구의 과정을 거쳐야만 해결될 수 있기 때문이다. 다시 말해, 이 시위는 정치경제적 조직화의 전혀 다른 논리를 추구하는 더 깊은 요구를 담고 있으며, 이러한 더 깊은 요구를 지휘할 새로운 지도자를 필요로 한다.

1. 리즈 롤리, 〈미투 운동 설계자가 말하는 방향 잃은 운동〉. Liz Rowley, "The Architect of #MeToo Says the Movement Has Lost Its Way", *The Cut*, 2018. 10. 23.
https://www.thecut.com/2018/10/tarana-burke-me-too-founder-movement-has-lost-its-way.html (2020. 11. 20. 마지막 접속)
2. 안젤라 네이글, 〈국경 개방에 반대하는 좌파의 사례〉. Angela Nagle, "The Left Case against Open Borders", *American Affairs*, 2018. 11.
https://americanaffairsjournal.org/2018/11/the-left-case-against-open-borders/ (2020. 11. 20. 마지막 접속)

| 옮긴이 해설 |

보편주의 정치학을 위하여

《천하대혼돈》은 슬라보예 지젝이 전 지구의 논쟁적 사안들에 대해 쓴 에세이 묶음이다. 글의 작성 시점은 2018년도 하반기에 집중되어 있다. 2020년 중순 한국에서 출간된《팬데믹 패닉》(북하우스)보다 먼저 발표된 글이 대부분이지만, 거대한 변화 속에 놓인 현대의 상황을 진단하는 지젝의 성찰 지도를 그려보는 데에 큰 의미가 있다고 하겠다. 번역하는 과정에서 글을 의미 있는 주제에 따라 분류했다. 해외에서도 책으로 출간된 적이 없기에 독자들에게 우리말 번역으로 먼저 선보이게 되어 기쁘다.

이 책을 관류하는 지젝의 일관된 입장은 일종의 '급진적 보편주의'다. 주지하다시피, 지젝은 우리 시대의 숱한 논쟁에 개입하여 자신의 주장을 거침없이 내놓길 꺼리지 않는 행동파 철학자다. 그 때문에 논란에 더러 휩싸이고 구설에 자주 오르내린다. 지젝이 펼치는 선명한 정치 비판은 좌우를 가리지 않고 때로는 '상식'을 거스르는 일도 많아서, 그의 주장에 공감하더라도 쉽사리 동의하기 힘든 일이 잦다. 특히 좌파 지식인을 자처하는 사람들에게 지젝은 입바른 소리를 하기는 해도, 너무나 저널리즘적 존재로 각인되고 말았다. 여기에서도 재기발랄함과 톡톡 튀는 사유는 여전하다. 그가 건드리는 주제 역시 현대 정치와 문화 현상 가운데 논란거리가 될 만한 것으로 이민, 반유대주의, 미국과 유럽의 정치 현안, 중국 문제, 기후변화, 사회주의 등 가히 지구촌 이슈를 망라한다. '천하대혼돈'이라는 제목도 다양한 전 지구적 문제의 혼란상에 개입하는 지젝의 '이슈메이커' 면모를 여실히 드러낸다.

물론 이 책에서 펼치는 사유는 단지 문제 제기에 그치지 않는다. 다양한 측면에서 위기를 겪는 지구 정치학의 영역에서 우리가 공통의 바탕으로 삼아야 할 혁신의 원칙과 좌표를 주저 없이 제시한다. 이 작업을 위해 지젝은 마오쩌둥에서 트로츠키에 이르는 '잊힌' 마르크스주의 사상의 갈래를 '시대착오적'으로 소환하기도 하고, 그리스의 시리자부터 어산지의 위키리크스, 오카시오-코르테스, 버니 샌더스 같은 미국의 민주적 사회주의자들이 처한 좌파 정치학의 곤경을 환기한다. 지젝의 진단에 따르면 위기의 근원은 체제 자체에 내재하며 저항의 정치학은 충분히 급진적이지 못하다.

왜 이런 일이 벌어졌을까? 무엇보다 현재 전 지구적 자본주의와 그 정치경제학이 구조적으로 급진적 정치의 가능성을 봉쇄하는 다양한 거짓 대립(마오쩌둥의 용어로는 '부차 모순')을 환상의 형태로 재생산하기 때문이다. 반유대주의가 이스라엘 국가와 무관하게 민주적 사회주의를 비판하는 개념으로 통용되거나 기후 위기론이 경제 논리로 탈바꿈하며, 성차별이나 인종차별 반대가 다양한 정체성 정치의 한 부분으로 나타난다. '중국식 자본주의'가 사회주의로 여겨지게 하는 구조적 계기(마오쩌둥의 '주요 모순')가 가려져 있는 까닭이다.

또 다른 이유는 다양한 좌파 정치학 갈래의 상상력 빈곤과 연대 부족이다. 바이러스 감염증의 국면에서 그레타와 샌더스의 목소리가 실종된 현상, 자유주의의 정치적 올바름 논리에 매몰된 좌파의 인식적 한계, 하층 노동계급의 현실에서 멀어진 당위적 민주주의론, 진영논리에 빠진 정치의 실종, '포퓰리즘'의 틀을 벗어나지 못한 저항 세력의 빈곤한 상상력이 모두 도마 위에 오른다. 특히 '트럼프의 역설'이라 불러도 좋을 후자의 현상은 단지 미국에 국한된 일이 아니다. 지젝에 따르면, 전 지구가 트럼프라는 포퓰리즘의 망령에 사로잡혀 있다.

포퓰리즘이 망령인 까닭은 그것이 근본적으로 우리와 그들을 가르는 '배제'와 '적대'의 이데올로기이기 때문이다. 실상 포퓰리즘이 '적수'로 삼는 존재는 이민자나 난민 혹은 노동자같이 자본의 이윤추구에 대항하는 세력에 국한되지 않고 금융자본 세력도 동시에 포함한다. 분명하게 표현하지는 않지만, 지젝이 트럼프의 '포퓰리즘'에서 읽어내는 것은 바로 생산관계의 모순을 호도하는 대중 동원 체제, 즉 파시즘의 논리다. 자국 우선주의를 내세워 금융자본을 공격하고 이민자를 배제하며 국제적 협력을 무시하는 이 포퓰리즘의 전략은 전 지구적 저항의 연대를 무기력하게 만든다. 유럽연합의 무능력과 중국식 사회주의의 역설은 구조적 변화를 꾀하는 모든 정치학을 집어삼키는 포퓰리즘의 먹성 좋은 괴력을 증명할 따름이다. 이 형체 없는 괴물 앞에서 자유주의적 좌파, 유럽의 사회민주주의, 중국식 사회주의, 반차별주의는 국지적 투쟁만을 거듭할 따름이다.

따라서 지젝이 레닌의 오래된 질문으로 돌아가, 무엇을 할 것인가 다시 묻고, 천하대혼돈은 곧 형세대호라고 본 마오쩌둥의 오래된 지혜를 되새기며, 자본주의국가의 철폐를 꿈꾼 마르크스의 슬로건으로 돌아가자고 외치는 일은 우연이 아니다. 지젝의 입장은 정통 마르크스주의 정치학으로 돌아가자는 회귀의 논리가 아니다. 트로츠키의 재발견을 입에 올리고 현대 자본주의체제가 지닌 구조적 모순의 핵심으로 돌아가 군산복합의 새로운 디지털 감시 체제에 저항하자고 주장하듯, 지젝의 정치학은 국가간 체제를 근간으로 하는 전 지구적 자본주의의 해체이다. 보편적 인권을 상기하고 기후 위기의 긴급함을 호소하며 포퓰리즘에 반대하는 국제적 연대를 설파하는 이유 역시 바로 이러한 급진적 보편주의에서 나온다.

지젝의 급진적 보편주의는 '보편주의'를 표방하는 다양한 이데올로기와 달리 개인의 욕망부터 체제 변환에 이르는 총체적 대안의 정치학을 프로그램하고 다양한 저항 세력을 아우를 정치 지도자에 대한 요청으로 구체화된다. 이 입장은 자칫 지젝 스스로 비판한 포퓰리즘적 정치권력을 스스로 도입하는 일로 오해되기 쉽다. 이른바 다중이 특정한 지도자에 의존함이 없이 정치적 저항을 만들어내는 일을 최선의 선택지로 보는 입장에서 나올 만한 문제 제기다. 그러나 프랑스 '노란 조끼' 저항의 양면성을 성찰하듯, 비판의 초점은 '탈집중화' 자체를 최상의 정치 행위와 등치함으로써 대중들의 정치적 요구를 체제의 구조적 모순으로 향하지 못하게 제한하는 자유주의적 보편주의의 폐해이다. 그리스 시리자 정부의 실패와 민주적 사회주의의 맹점을 상기하듯, 문제는 대중의 눈먼 욕망 자체가 아니라 경험의 한계를 극복할 새로운 정치력의 창조 여부다.

지젝의 급진적 보편주의가 우리 사회에 던지는 화두 역시 각별하다. 랑시에르의 말을 비틀자면, 치안과 정치의 선명한 차이를 염두에 두면서도 정치만을 절대화하지 않는 지혜가 필요하다. 구체적 개혁을 하는 일과 체제의 모순을 돌파하는 일을 동시에 수행할 정치적 관점이 요구되는 지금이야말로 다시 한번 급진적 보편주의의 정치적 가능성을 사유할 시점이다.

이 책을 번역하는 과정에서 어려움도 있었지만, 그때마다

많은 도움을 받았다. 기존 저작에서 피력한 주장을 즐겨 반복하는 지젝의 글쓰기 특징으로 인해 문맥을 해치지 않으면서도 적절하게 조정하는 과정도 필요했다. 번역자의 잦은 질문과 요구에 성실하게 응대한 저자에게 고마움을 표한다. 잡지에 실린 에세이를 모아 출간을 제안하고 추천사를 써준 친우 이택광 교수의 지원 역시 이 책의 탄생에 큰 역할을 했다. 책의 완성 과정에서는 초고를 꼼꼼히 읽은 편집자가 여러 차례 생산적 의견을 내주었다. 번역 과정에서 작업을 독려하고 힘을 보태준 대만의 여러 동학에게도 고마운 마음을 전한다. 그렇지만 이 책의 책임은 오로지 번역자에게 있다. 독자들의 질정을 바란다.

2020년 11월 관악 다적재에서

강우성

천하대혼돈

초판 1쇄 인쇄 2020년 11월 25일
초판 1쇄 발행 2020년 12월 10일

지은이 슬라보예 지젝
옮긴이 강우성
책임편집 윤민혜
표지 디자인 정서영
내지 디자인 김민경

펴낸이 한균태
펴낸곳 경희대학교 출판문화원
주소 서울시 동대문구 경희대로 26
전화 02-961-0106~8
팩스 02-961-0291
설립 1960년 9월 16일 제5-8호
등록 1977년 11월 8일 제6-5호
홈페이지 www.khupress.com
전자우편 press@khu.ac.kr

ⓒ 경희대학교, 2020

ISBN 978-89-8222-669-4 (03300)

* p14_사마르 바다위 외 ⓒ International Women of Courage Award | p27_오카시오 코르테스 ⓒ nrkbeta | p35_마리아 카타소노바 ⓒ shutterstock | p39_트럼프 미국 대통령 외 ⓒ shutterstock | p50_이스라엘과 팔레스타인 영토 점유 비율 ⓒ Mecanoblog | p50_이스라엘 팔레스타인 분리 장벽 ⓒ Justin McIntosh | p55_가자지구 공격 저항 시위 ⓒ John Englart | p55_베냐민 네타냐후 ⓒ U.S. Embassy Jerusalem | 61p 온두라스 난민들 ⓒ shutterstock | 70p 드라지에비치 추모 공간 ⓒ Medullaoblongata Projekt | p111_전쟁의 공포 ⓒ Nick Ut | p127_프리몬트 페어 ⓒ Joe Mabel | 132p_레닌 ⓒ speakola | 168p_해리 왕자와 메건 마클 왕자비 ⓒ Londisland | 203p_지난 50년가량의 기온 변화 ⓒ NASA | 210p_그레타 툰베리 ⓒ European Parliament | 210p_버니 샌더스 ⓒ Phil Roeder | 242p_노란 조끼 시위대(위) ⓒ Norbu Gyachung | 242p_노란 조끼 시위대(아래) ⓒ Thomas Bresson

* 이미지 제공: 위키 커먼스, 셔터스톡

* 이 책에 사용된 사진은 모두 저작권자의 동의를 얻어 수록하였거나, 공공저작물로 무료사용이 가능한 이미지입니다. 일부 저작권자를 찾지 못한 사진은 확인되는 대로 통상의 사용료를 지불하겠습니다.